Jesús Sánchez Lobato
Nieves García Fernández

gramática
nuevo
español 2000

SOCIEDAD GENERAL ESPAÑOLA DE LIBRERÍA, S.A.

Primera edición, 1996
Quinta edición, corregida y aumentada 2007

Produce: SGEL – Educación
          Avda. Valdelaparra 29
          28108 Alcobendas (MADRID)

© Jesús Sánchez Lobato, Nieves García Fernández

© De esta edición: Sociedad General Española de Librería, S. A., 2007

Diseño de cubierta: Érika Hernández
Maquetación: dos + dos, edicions, s. l.

ISBN: 978-84-9778-310-1
Depósito legal: M-45169-2007
Printed in Spain – Impreso en España

Impresión: Talleres Gráficos Peñalara S.A.

Prólogo

La *Gramática Español 2000* responde al concepto de Lengua Española que subyace en los tres niveles (Elemental, Medio y Superior) del Método de español para Extranjeros *Español 2000*. Su concepción y contenido, por lo tanto, van dirigidos especialmente a los alumnos de español como lengua extranjera. Ello no obsta para afirmar que las normas, observaciones y precisiones que se formulan en esta gramática son de enorme utilidad, incluso, para el hablante nativo, ya que la lengua aquí estudiada responde a la modalidad del español hablado más comúnmente aceptada: la norma culta.

La *Gramática* está concebida como guía y complemento del *Español 2000* en sus tres niveles: *Elemental, Medio* y *Superior,* por lo que se ha estructurado en un claro orden lineal: del sonido a la expresión oracional.

Asimismo, hemos tenido en cuenta, en todo su desarrollo, el grado de dificultad que puede entrañar el sistema de la lengua española para el alumno y hemos hecho hincapié en resolver aquellas dificultades que nuestra experiencia docente nos aconseja que inciden con más frecuencia en el aprendizaje del español como lengua extranjera. El punto de vista del profesor ha estado presente en la elaboración didáctica de la obra.

La idea gramatical que ha presidido la confección de esta obra ha huido por igual de terminologías novedosas y de conceptos controvertidos. Hemos procurado, en todo momento, que pueda ser utilizada desde cualquier posición didáctica y por cualquier alumno de español.

La *Gramática*, por último, está estructurada de manera tal que, al final de cada capítulo, se hace referencia explícita a las unidades didácticas del Método *Español 2000*, con el fin de que el estudiante tenga presente su discurrir metodológico.

LOS AUTORES

Contenido

1. De la pronunciación

ALFABETO ESPAÑOL

LECTURA			PRONUNCIACIÓN		
Mayúscula	Minúscula	Lectura	Letra	Sonido	Representación ortográfica
A	a	a	b	b	b — beber, bajo
B	b	be			v — vino, vivir
C	c	ce			
CH	ch	che	c	z	c + e, i — Cecilia, cielo
D	d	de	z		z + a, o, u — Zaragoza, zorro, zueco, paz
E	e	e	ch	ĉ	chico, muchacho
F	f	efe			
G	g	ge	g	g	g + a, o, u — gato, gota, gutural
H	h	hache			gu + e, i — guerra, guitarra
I	i	i	h	no se pronuncia	harina, heno
J	j	jota			
K	k	ka	k	k	k — kilo, kilómetro
L	l	ele	c		c + a, o, u — calor, color, cuna
LL	ll	elle	qu	no se pron. la u	qu + e, i — querer, quiosco
M	m	eme	j		j + a, o, u, e, i — jamás, joven, jueves, Jesús, jinete
N	n	ene		x	
Ñ	ñ	eñe	g		g + e, i — coger, dirigir, genio, gitano
O	o	o	r	r	cara, torero
P	p	pe	r		inicial, después de consonante y final — río, alrededor, enredo, tener
Q	q	qu (ku)		r̄	
R	r	ere y erre	rr		entre vocales — carro, torre
S	s	ese	w	b	en palabras extranjeras — wagón
T	t	te			
U	u	u	x	s	x + consonante — extranjero, extraño
V	v	uve		gs	vocal + x + vocal — examen, exigir
W	w	uve doble			
X	x	equis	y	y	y + vocal — yo, leyes
Y	y	i griega		i	posición final — ley, rey
Z	z	zeta		i	posición libre — y, contar y comer

El alfabeto español

La letra w no se emplea sino en voces de procedencia extranjera; cuando se incorpora plenamente al sistema ortográfico español, se reemplaza por la letra v. La ch corresponde a un solo sonido. Cuando se escribe mayúscula, sólo la c adopta tal forma, así China, Chelo.

La letra ll corresponde a un solo sonido; en caso de mayúscula inicial de palabra, esta forma sólo afecta a la primera, así Llodio, Llanto.

La letra rr corresponde a un sonido diferente del de la simple r. Se escribe sólo en posición interior de palabra y entre vocales: arroz, pizarra, nunca en posición inicial. Cuando va en posición inicial o siguiendo a una consonante se escribe el signo sencillo de r. En posición final de la palabra se escribe siempre r.

El signo h no se corresponde en la actualidad a ningún sonido en pronunciación cuidada. En la pronunciación popular, y en algunas regiones, corresponde a una leve aspiración.

Correspondencia ente fonemas y letras

FONEMAS	EJEMPLOS	LETRAS
a	arte, haba	a, *ha*
b	bate, vino, wagón, brazo	b, v, w
z	cebo, Zaragoza, cielo	c, z
ch	chica, Chueca	ch
d	dedo, dar, drama	d
e	enero, helado	e, *he*
f	fin, flan, franco	f
g	gato, guerra, guitarra	g, gu
i	ilusión, hoy, histeria	i, y, *hi*
j	jamón, gerente	j, g
k	casa, kilo, que	c, k, qu
l	lata	l
ll	llano	ll
m	mano, mensaje	m
n	nariz	n
ñ	niño	ñ
o	océano, hotel	o, *ho*
p	piso, placer, prado	p
r	duro, aro	r
rr	carro, alrededor, risa	rr, r
s	señal	s
t	tapia, trapo	t
u	una, humano	u, *hu*

Nota

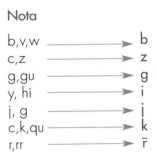

b,v,w ⟶ b
c,z ⟶ z
g,gu ⟶ g
y, hi ⟶ i
j, g ⟶ j
c,k,qu ⟶ k
r,rr ⟶ r̄

CUADRO DE LOS SONIDOS DEL ESPAÑOL

Consonantes	Bilabial		Labiodental		Dental		Interdental		Alveolar		Palatal		Velar	
	sorda	sonora	sorda	sonora	sorda	sonora	sorda	sonora	sorda	sonora	sorda	sonora	sorda	sonora
Oclusiva	p	b			t	d							k	g
Fricativa		β	f				θ	ð	s	Z		ǰ	X	Y
Africada											ĉ	ĵ		
Nasal		m		ɱ		n̪		n̪		n		ɲ		ŋ
Lateral						l̪		l̪		l		ʎ		
Vibrante simple										r				
Vibrante múltiple										r̄				

Vocales				Anterior	Central	Posterior
Semiconsonante				J		W
Semivocal				i̯		u̯
Cerrada				i		u
Media				e		o
Abierta					a	

CUADRO DE LOS FONEMAS DEL ESPAÑOL

Consonantes	Bilabial		Labiodental		Dental		Interdental		Alveolar		Palatal		Velar	
	sorda	sonora	sorda	sonora	sorda	sonora	sorda	sonora	sorda	sonora	sorda	sonora	sorda	sonora
Oclusiva	p	b			t	d							k	g
Fricativa			f				θ		S			ǰ	X	
Africada											ĉ			
Nasal		m								n		ɲ		
Lateral										l		ʎ		
Vibrante simple										r				
Vibrante múltiple										r̄				

Vocales				Anterior	Central	Posterior
Cerrada				i		u
Media				e		o
Abierta					a	

ATENCIÓN

Fonemas	Representación ortográfica	Ejemplos
/b/	b v	balón, Bolivia vivir, venir
/θ/	z (+ a, e, i, o, u) c (+ e, i)	zona, Zaragoza, zig-zag ciruela, Cecilia, cielo
/g/	g (+ a, o, u) gu (+ e, i) g (+ ü + e, i)	ganar, gorra, gurú guerra, guitarra cigüeña, pingüino
/X/	g (+ e, i) j (+ vocal)	cirugía, génesis jamás, jota, julio, Jesús
/k/	c (+ a, o, u, o consonante) qu (+ e, i) k	casa, coser, cubrir querer, quitar kilómetro
/r/	r	cara, caro, torero
/r̄/	r rr (entre vocales)	río, Ramón, alrededor, llamar carro, torre, barro
/y/	y, ll (en zonas de yeísmo)	mayo, pollo

ALFABETO FONÉTICO INTERNACIONAL

		bilabial	labiodental	dental y alveolar	retrofleja	palatoalveolar	alveolo palatal	palatal	velar	uvular	faringal	glotal
Consonantes	Explosivas (oclusivas y africadas)	p b		t d	ʈ ɖ			c ɟ	k g	q ɢ		ʔ
	Nasales	m	ɱ	n	ɳ			ɲ	ŋ	N		
	Laterales fricativas			ɬɮ								
	Laterales no fricativas			l	ɭ			ʎ				
	Vibrantes múltiples			r						R		
	Vibrantes simples			ɾ	ɽ					ʀ		
	Fricativas	ɸβ	fv	θ ð s z ɹ	ʂʐ	ʃ ʒ	ɕʑ	çj	xɣ	χʁ	ħʕ	ɦɦ
	Continuas no fricativas y semivocales	wɥ	ʋ	ɹ				j (ɥ)	(w)	ɹʁ		
Vocales	Cerradas	(yʉɯ)						iy ɨu ɯu				
	Medio cerradas	(ɸo)						eɸ ɣo				
	Medio abiertas	(œɔ)						ɛœ ə ɜɞ ʌɔ				
	Abiertas	(ɐ)						æ a ɐ ɑɒ				

LA SÍLABA

Es el sonido o conjunto de sonidos que se pronuncian en un solo golpe de voz. Se compone de un elemento central o núcleo que, en español, siempre es una vocal. Puede llevar consonantes delante y detrás del núcleo.

Las vocales del español pueden formar sílabas por sí mismas: a-e-re-o = aéreo. Asimismo, la combinación de vocal y consonante o de consonante y vocal pueden formar sílaba:

can-sa-da = cansada, ar-bol = árbol.

Principios de delimitación silábica

a. Una consonante situada entre vocales se agrupa silábicamente en la vocal siguiente:

ca-sa, a-ro

b. Cuando dos consonantes van entre vocales, la primera consonante se une a la vocal anterior y la segunda, a la siguiente:

car-ta, den-so

Si la primera consonante es /p, b, c, f, t, d, k, g/ y la segunda /r/, ambas consonantes se agrupan con la vocal siguiente:

pra-do, a-bra-zo, fran-cés

Lo mismo ocurre cuando la primera consonante es /p, b, c, f, k, g/ y la segunda es /l/:

co-pla, cla-mor, glán-du-la

c. Si son tres las consonantes intervocálicas, las dos primeras se agrupan con la vocal precedente y la tercera, con la que sigue:

trans-mi-tir, obs-ti-na-ción

Cuando las dos últimas consonantes forman grupos como los descritos en b, éstas se agrupan con la vocal siguiente:

as-tro, an-cla-do

d. Cuando cuatro consonantes van entre vocales, las dos primeras se unen a la vocal precedente y las dos últimas, a la siguiente:

abs-trac-to, cons-tru-ye

e. Cuando en una palabra aparecen dos cc seguidas, pertenecen a sílabas distintas; la primera se realiza como (k) y la segunda como (θ):

acción ⇒ [akθjón]

La h es una letra que no se pronuncia en español. Por tanto, no cuenta para la separación silábica:

co-he-sión

f. En posición inicial de sílaba, el español realiza todos los fonemas consonánticos, salvo /r/ y los fonemas /ļ/ y /y/ seguidos de vocal i.

- Sin embargo, la tendencia del español consiste en reducir los grupos consonánticos en posición inicial de palabra y, por ende, la RAE tiende a sancionar la reducción de dichos grupos:

pneumático ⇒ neumático
mnemotecnia ⇒ nemotecnia
psicosis ⇒ sicosis

- La lengua española antepone una e- a todo grupo de dos consonantes que comience por -s:

snob ⇒ esnob
standar ⇒ estándar
slalom ⇒ eslalon
slogan ⇒ eslogan

- En los grupos subs- y trans- iniciales de palabra, la Academia Española admite:

subscribir ⇒ suscribir
transbordo ⇒ trasbordo
transcendencia ⇒ trascendencia

Aunque tiende a mantener los grupos consonánticos cultos (bs y ns) frente a su reducción a -s-:

transcribir, transcurso, transmitir, transpirar.

g. En posición final de palabra, el español admite las consonantes d, l, s, r, n, z, x y, en algunas palabras, j (reloj). Sabremos, por tanto, que no son voces patrimoniales del español todas las palabras que acaben en cualquier otra consonante:

cenit, club, ballet, rosbif, lord, camping.

El español, ante el neologismo, tiende a españolizarlo cuando lo acepta como voz de uso general:

carnet   ⇒   carné/s
stadium   ⇒   estadio/s

Diptongos

Se llama diptongo a la reunión de dos vocales en una misma sílaba. En español, la disposición normal del diptongo responde a las combinaciones siguientes:

1. /a, e, o/ + /i, u/

     bai-le, pei-ne, boi-na, au-ro-ra, Ceu-ta, Sa-lou

   /i, u/ + /a, e, o/

     pia-ra, cie-lo, la-bio, sua-ve, es-cue-la, o-bli-cuo

2. iu, ui

     triun-fo, jui-cio

En esta combinación, el núcleo vocálico es siempre la segunda vocal. Si llevara tilde, ésta se colocaría en el núcleo silábico.

Triptongos

Es el conjunto de tres vocales que se pronuncian en una misma sílaba. En español, el triptongo responde a las combinaciones siguientes: uai, uau, iei…: a-ve-ri-güéis, a-tes-ti-guáis.

En los triptongos, el núcleo silábico siempre es la vocal que aparece en medio: acuciáis.

Cuando se coloca tilde en un triptongo siempre ha de recaer sobre el núcleo silábico: atestigüéis.

Hiatos

Un hiato se forma por la concurrencia de dos o más vocales de la serie /a, e, o/ en contigüidad. En ese caso, cada una de ellas constituye un núcleo silábico diferente y, por tanto, no se forma diptongo:

pa-e-lla	ma-re-a	to-a-lla
ca-o-ba	be-o-do	po-e-ma

Cuando la duplicación ocurre entre vocales iguales (/aa/ Isaac, /ee/ reelegir y /oo/ moho) puede existir vacilación y en algunos casos se tiende hacia la simplificación vocálica:

a. /ee/ Remplazo, rembolso, restablecer, pero en la mayoría de los compuestos de re-, así como en los compuestos de la preposición sobre-, se mantienen:

> reeducar, reestrenar, reexaminar, reexpedir, sobreedificar, sobreexcitar, pero: sobresdrújulo, sobrescrito.

b. /aa/ La tendencia en este grupo es a mantenerse: contraataque, contrahacer, aunque existe contralmirante, paraguas.

c. Si las vocales aparecen sin acento de intensidad, la tendencia general en el habla corriente es pronunciar como si existiera una única vocal:

> preeminencia ⟹ (*preminencia)
> cooptar ⟹ (*coptar)

También es hiato la concurrencia de /a, e, o/ con /i, u/ cuando las vocales /i, u/ son tónicas.

Cuando el hiato está formado por (i, u), seguidas de (a, e, o), se acentúa (í, ú): tío, púa, píe.

Cuando el hiato está formado por (a, e, o), seguidas de (i, u), se acentúan estas últimas: tahúr, raíl.

Clasificación de las palabras por el número de sílabas

Las palabras, según el número de sílabas que contengan, se dividen en:

Monosílabas ⟹ yo
Bisílabas ⟹ ma - dre
Trisílabas ⟹ ca - rác - ter
Polisílabas ⟹ per - mi - ti - rá

Lo presentado en este capítulo se encuentra en ESPAÑOL 2000,
Nivel elemental: pág. 260.
Nivel medio: págs. 226-228.

2. De la entonación

LA ENTONACIÓN

Entendemos por entonación la disposición del mensaje para que sea comprendido en su integridad. La línea melódica con la que pronunciamos la frase añade determinados componentes que, unidos a las pausas y a los acentos de intensidad, desempeñan una doble función: por una parte sirven a la organización sintáctica cuando la oración se compone de varios miembros; por otra, contribuyen a poner de relieve las funciones representativa, apelativa y expresiva del lenguaje.

La función representativa del lenguaje es la que se centra en el contenido del mensaje:

> He comprado el pan.

La función apelativa es aquella mediante la cual el hablante actúa sobre el oyente para llamar su atención o dirigir su voluntad:

> ¿Has comprado el pan?

La función expresiva es aquella mediante la cual el hablante expresa sus propios sentimientos o subjetiviza la información:

> ¡Has comprado pan!

LA UNIDAD MELÓDICA

Puede constar de una o más sílabas, de una o más palabras, pero en español predomina la unidad melódica de siete u ocho sílabas, y son raras las que exceden de quince. Una sola unidad melódica puede constituir una oración completa, cuando el enunciado es sencillo:

> Sí, vete.
> No vengas hoy.
> El cielo puede esperar.

Por regla general, a partir de ocho sílabas se realiza, normalmente, una pausa, de manera que resultan dos unidades melódicas:

Oye, niño,   retira el cubo.
Voy a verte,   si estás en casa.

ENTONACIÓN ENUNCIATIVA

Es la más neutra, la que corresponde a las oraciones más distanciadas de momentos expresivos y apelativos:

El calor adormece.
A mal tiempo, buena cara.
Anduvo por los prados, los montes y los caminos, perdido.

ENTONACIÓN INTERROGATIVA

Las oraciones interrogativas se pronuncian en un tono más alto que sus correspondientes enunciativas.

Hay que distinguir entre interrogativas absolutas o totales, e interrogativas parciales o relativas. Las totales contienen por lo menos una forma verbal, que suele situarse al comienzo de la frase. La pregunta se refiere a todo el contenido de la frase:

¿Ha venido el cura?

Las parciales inician la frase con un pronombre o adverbio interrogativo solo o precedido de una preposición: quién, cuándo, por dónde:

¿**Quién** ha llamado?
¿**Cuándo** es el examen?
¿**Por dónde** han venido?

ENTONACIÓN EXCLAMATIVA

La entonación exclamativa se encuentra, a veces, en correlación con las interjecciones de todo tipo:

¡**Oh**, qué agradable caso!
¡**Bravo**!
¡**Vaya**, no me digas!

ENTONACIÓN VOLUNTATIVA

Se halla en correlación con los modos verbales imperativo y subjuntivo:

¡Sal de aquí!

Desde el punto de vista de la entonación, el mandato coincide con la forma exclamativa:

¡Calla!, ¡Obedece!

Las formas en que se expresa un ruego o súplica tienen, en esencia, los rasgos generales de la entonación exclamativa:

¡Por favor, pásame el balón!

LA ENTONACIÓN

a. En el discurso enunciativo:

b. En el discurso interrogativo:

c. En el discurso exclamativo:

EL GRUPO FÓNICO

Es la unidad de entonación y puede definirse como el fragmento de discurso comprendido entre dos pausas:

a. Enunciativo:

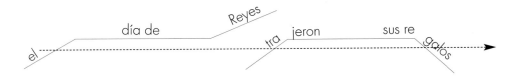

b. Interrogativo:

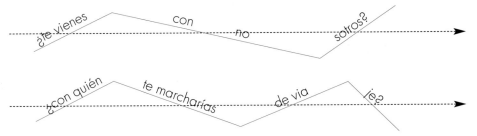

c. Exclamativo:

Lo presentado en este capítulo se encuentra en **ESPAÑOL 2000**,

Nivel elemental: pág. 260.

Nivel medio: pág. 231.

3. De la acentuación

EL ACENTO

Es la mayor fuerza o intensidad con que se pronuncia una sílaba de la palabra:

> Toledo, tío, pared...

EL ACENTO ORTOGRÁFICO

La tilde es la rayita que se escribe sobre la vocal tónica de algunas palabras para señalar dónde lleva el acento. Recae siempre sobre una vocal, de acuerdo con las reglas siguientes:

Palabras oxítonas o agudas (■ ■ ´)

El acento recae sobre la última sílaba. Se acentúan ortográficamente las palabras acabadas en vocal, n o s. Las restantes no llevan acento ortográfico:

> papá, café, zahorí, escuchó, cebú... estás, dieciséis, astracán, definición... nevar, reloj, especial...

Palabras paroxítonas o llanas (■ ´ ■)

El acento recae sobre la penúltima sílaba. Se acentúan ortográficamente las palabras acabadas en consonante que no sea n ni s. Las acabadas en vocal no se acentúan ortográficamente:

> cárcel, álbum, fácil, plácet... peras, coches, tienen, canon... cosecha, caliente, respeto...

Palabras proparoxítonas o esdrújulas (´ ■ ■)

El acento recae sobre la antepenúltima sílaba. Se acentúan ortográficamente en todos los casos:

> matemáticas, dómine, pétalo...

Lo visto en el tema anterior sobre hiatos y diptongos se concreta aquí en las siguientes reglas:

- ia, ie, io, iu, ua, ue, ui, uo equivalen a una sola sílaba, salvo si llevan acento escrito en la i o en la u:

  hacia, especie, labio, ciudad…   tenía, confíe, baldío…
  agua, suelo, cuidado, antiguo…   acentúa, desvirtúe, búho…

- ae, ao, ea, eo, oa, oe equivalen a dos sílabas:

  extrae, cacao, pedrea, jubileo, boa, oeste…
  Jaén, faraón, apéate, hispanoárabe, poético…

Sílabas tónicas y átonas

La sílaba tónica es la sílaba acentuada de la palabra; las demás sílabas son átonas:

  Ra-úl, pa-dre…

DE LA ACENTUACIÓN

En español, la identificación de las palabras puede depender del acento. Algunas sólo difieren de otras en cuanto a la sílaba de máxima intensidad tonal. Así se distingue título (sustantivo) de titulo (verbo presente) y de tituló (verbo pasado).

cálculo	calculo	calculó
crítico	critico	criticó
diálogo	dialogo	dialogó
líquido	liquido	liquidó
público	publico	publicó

En los ejemplos anteriores, las diferencias de acentuación entre proparoxítonas (esdrújulas), paroxítonas (llanas) y oxítonas (agudas) implican significados diferentes.

OXÍTONAS (AGUDAS) Acento en la última sílaba	Llevan tilde cuando acaban en vocal, n o s.
PAROXÍTONAS (LLANAS) Acento en la penúltima sílaba	Llevan tilde cuando acaban en consonante que no sea n ni s.
PROPAROXÍTONAS (ESDRÚJULAS) Acento en la antepenúltima sílaba	Llevan tilde siempre.

Los diptongos

Siguen las reglas generales de acentuación, por lo que cuando el acento recae en una sílaba que lleva diptongo, la tilde ha de colocarse sobre la vocal más abierta:

> dieciséis, Éufrates, cáustico, huésped

Si el diptongo es ui o iu, la tilde debe colocarse sobre la segunda vocal. Este caso sólo se da en palabras proparoxítonas (esdrújulas) u oxítonas (agudas):

> cuídate, huí

Los triptongos

Si, según las reglas generales, el acento recae en una sílaba que lleve triptongo, la tilde debe ponerse sobre la vocal más abierta, que ocupará, normalmente, el lugar central:

> averiguáis, santigüéis

Vocales en hiato

Cuando dos vocales de la serie /a, e, o/ aparezcan juntas, llevará tilde aquella a la que le corresponda, según las reglas generales:

> paséalo, deán, afeó, caótico

Cuando la vocal tónica sea i o u, llevará tilde aunque según las reglas generales no le corresponda:

> sonreír, leído, transeúnte

La tilde no se escribe cuando las vocales en contacto son i, u:

> jesuita, destruir

Demostrativos

Las palabras este, esta, estos, estas, ese, esa, esos, esas, aquel, aquella, aquellos, aquellas no se acentúan nunca cuando cumplen la función de adjetivos, pero pueden llevar tilde cuando actúan como pronombres:

> Este regalo es para Elena; aquél, para Tomás.
> Ese coche ha chocado contra éste.

Nunca llevan tilde esto, eso ni aquello.

La acentuación de los monosílabos

Los monosílabos no llevan tilde, excepto cuando existen dos monosílabos iguales en su forma, pero con distinta función gramatical:

TÓNICAS CON TILDE	ÁTONAS SIN TILDE
él (pronombre)	el (artículo)
tú (pronombre)	tu (adjetivo posesivo)
mí (pronombre)	mi (adjetivo posesivo)/(nota musical)
sí (adv. afirmación)/(pronombre)	si (conjunción)/(nota musical)
sé (verbo)	se (pronombre personal)
dé (verbo)	de (preposición)
más (adverbio de cantidad)	mas (= pero, conjunción)
qué (interrogativo)	que (relativo)
cuál (interrogativo)	cual (relativo)
té (sustantivo)	te (pronombre personal)
quién, cuán (interrogativo)	quien, cuan (relativo)

Clasificación de las palabras por el acento

Por el acento, las palabras se dividen en: acentuadas e inacentuadas.

a. Según la categoría gramatical, son acentuadas:

- Todas las formas verbales de la conjugación.
- Los nombres (sustantivos y adjetivos).
- Los adverbios.
- Los pronombres personales, dependiendo de su función sintáctica.
- Los posesivos, según su posición y su función sintáctica.
- Los pronombres interrogativos y exclamativos: qué, quién, cuál, cómo, dónde, cuándo y cuánto.

b. Si son capaces de constituir un enunciado por sí mismas, son acentuadas. En caso contrario, inacentuadas:

¿dónde?, adelante, ¡Fuera!

c. Las acentuadas pueden colocarse en cualquier lugar del grupo fónico. Las inacentuadas —a excepción de los pronombres personales átonos— no se colocan tras el último acento de intensidad del grupo fónico.

d. Son palabras inacentuadas:

- Los artículos el, la, lo, los, las.
- Los posesivos mi, tu, su y sus plurales; nuestro/a, vuestro/a y sus plurales.

- Los pronombres personales me, te, nos, os, le, les, lo, los, la, las, se.
- Los pronombres relativos y correlativos, simples y compuestos: que, quien, quienes, cuyo, cuya y sus plurales; cual y cuales.
- Los adverbios relativos y correlativos: como, cuando, donde y adonde, cuan, tan.
- Las preposiciones simples y compuestas: a, ante, bajo, con, conforme a, contra, de, desde, durante, en, entre, frente a, hacia, hasta, junto a, mediante, para, por, respecto a, según, sin, sobre, tras.
- Las conjunciones coordinativas y subordinantes: y, pero, si, aunque...

e. Las palabras inacentuadas, a diferencia de las acentuadas, no pasan de tres sílabas.

Acentuación de las palabras compuestas

Según la posición del acento, las palabras compuestas serán agudas (oxítonas), llanas (paroxítonas) o esdrújulas (proparoxítonas).

- COMPUESTOS SINTÁCTICOS:

El único acento del compuesto es el correspondiente al último componente acentuado:

enhorabuena, tiovivo, ganapán, semicírculo

- COMPUESTOS DE PREFIJO:

Siguen la regla general:

teléfono, prefijar, neoplatónico, autocrítica

- COMPUESTOS DE ORDEN DIFERENTE:

El único acento prosódico del compuesto es el correspondiente al segundo componente:

puntiagudo, hincapié, abrelatas, marcapasos

- COMPUESTOS POR PRÉSTAMO:

Siguen la regla general:

termómetro, petrolífero, grafólogo

- COMPUESTOS POR ADJETIVOS:

En los compuestos formados por varios adjetivos, que normalmente suelen separarse mediante guiones, cada componente conserva su acento:

judeo-español, gótico-isabelino, jónico-dórico

- ADVERBIOS EN -MENTE:

  Llevan tilde cuando la tiene el adjetivo:

  > fácilmente

Acentuación de las letras mayúsculas

No hay razón para omitir el acento de las mayúsculas cuando, de acuerdo con las reglas generales, les corresponda llevarlo:

> Álvaro, Ítaca, Ángel
> CRÍTICA DE LA GEOGRAFÍA HISTÓRICA

Palabras con doble acentuación

Los únicos casos de palabras que conservan dos acentos de intensidad son:

- Los adverbios terminados en -mente:

  > cortésmente, fácilmente, histéricamente

- Las palabras formadas por dos o más que no llevan tilde, cuando resulte un vocablo esdrújulo, deberán acentuarse:

  > canta + le : cántale
  > estudia + te + lo : estúdiatelo

En las siguientes palabras, que presentan doble posibilidad de acentuación, la Real Academia Española da preferencia a las transcritas en primer lugar:

alveolo	alvéolo	ibero	íbero
amoniaco	amoníaco	médula	medula
austriaco	austríaco	olimpiada	olimpíada
cantiga	cántiga	omóplato	omoplato
cardiaco	cardíaco	ósmosis	osmosis
cónclave	conclave	pentagrama	pentágrama
chófer	chofer	período	periodo
etíope	etiope	policiaco	policíaco
fríjoles	frijoles	políglota	poliglota
fútbol	futbol	reuma	reúma
gladíolo	gladiolo	tortícolis	torticolis

Atención

- Las palabras oxítonas, acabadas en diptongo cuya última letra sea -y, no llevan tilde por considerarse la y una consonante:

    estoy virrey, jersey

- Algunas palabras, al formar el plural, cambian de sílaba el acento de intensidad:

    régimen-regímenes; espécimen-especímenes; carácter-caracteres

- Palabras con tilde diacrítica:

    - Aún se pronuncia como bisílaba (hiato) cuando equivale al adverbio todavía:

        Aún está lloviendo.

    - Aun es un monosílabo (se escribe sin tilde) que equivale a incluso:

        No tengo dinero ni aun trabajando.

    - Sólo en función de adverbio (solamente) puede llevar tilde si con ello se evita la ambigüedad:

        Estuve sólo (solamente) en la Facultad.

    - Solo en función de adjetivo no lleva tilde:

        Estuve solo (yo solo) en casa.

    - La conjunción disyuntiva o llevará tilde cuando vaya entre números:

        5 ó 6.

- Las palabras latinas empleadas en español deben escribirse con tilde si les corresponde, de acuerdo con las reglas estudiadas:

    déficit, superávit

Lo presentado en este capítulo se encuentra en ESPAÑOL 2000,

Nivel elemental: pág. 260.

Nivel medio: pág. 229.

Nivel superior: pág. 29.

4. De la ortografía

La escritura pretende reproducir, lo más fielmente posible, la lengua hablada y para ello acude a la ortografía. La puntuación, junto con la reproducción de los sonidos en letras y el acento, es la encargada de llevar a cabo la ortografía.

LOS SIGNOS DE PUNTUACIÓN

Uso de la coma (,)

La coma corresponde a una pequeña pausa que exige el sentido de la frase. Puede coincidir con el final de entidades gramaticales bien definidas, por lo que es posible establecer algunas reglas que ayuden a su uso:

a. Se separan con coma:

- Los elementos de una serie de palabras o de grupos de palabras —incluso de oraciones de idéntica función gramatical— cuando no van unidos por conjunción:

  Tenemos guitarras, violines, laúdes, flautas, …
  Vinieron: Rosa con su marido, Juan y los niños, Pedro y María, …
  Estudia, levántate temprano, haz la casa y, además, trabaja.

- Los vocativos:

  Niño, estate quieto.
  Debes entender, Luis, que eso es imposible.

- Los incisos que interrumpen momentáneamente el curso de la oración:

  Yo, que estuve en Berlín, no me enteré.

- Las locuciones y adverbios:

  Nos dieron, sin embargo, unas buenas entradas.
  Efectivamente, estuve en su casa.
  Todo esto es inútil, en realidad.

- Los decimales de los números enteros: 14,05 ó 20,15.

b. Se escribe coma:

- Detrás de la oración subordinada, cuando precede a la principal:

  Cuando está en la ciudad, se aloja en mi casa.

- Detrás de la prótasis condicional:

  Si viene, que me espere.
  De no haber sido por ti, habría perdido el avión.

- Ante las subordinadas consecutivas:

  Llueve a cántaros, luego no vamos a pasear.

- Cuando se omite el verbo por ser el mismo de la oración anterior:

  Yo me fui al fútbol; mi mujer, a la ópera.

Uso del punto y coma (;)

El punto y coma marca una pausa más intensa que la determinada por la coma, pero menos que la exigida por el punto. Separa oraciones completas de cierta extensión, íntimamente relacionadas:

Estuve en el despacho ordenando papeles; ellos, en el salón, oyendo música.

Uso de los dos puntos (:)

Representan en la escritura una pausa intermedia entre la del punto y la de la coma. Se utilizan en los casos siguientes:

- Cuando se anuncia una cita literal en estilo directo:

  Él me aseguró: «Estaré allí a las ocho».

- Para anunciar una enumeración:

  Hay tres clases de políticos: los sensatos, los insensatos y los que se dedican a sus negocios.

- Detrás del encabezamiento de cartas, instancias, etcétera:

  Mi querida señorita: Estimado señor:

Uso del punto (.)

Es la mayor pausa que puede señalarse ortográficamente. Se emplea cuando, terminada una oración, se da comienzo a otra.

No ha podido venir. No se encontraba bien.

Se llama punto y aparte al que se pone al terminar un párrafo, si el texto continúa en otro renglón. Punto y seguido, cuando el texto sigue inmediatamente:

Al caer la tarde volvimos al hotel. Hicimos la maleta, pedimos la cuenta y nos marchamos al aeropuerto.
Allí nos esperaba, toda preocupada, Lola.

El punto separa los minutos de las horas:

20.30 h.   13.15 h.   9.10 h.

Después de las abreviaturas se escribe punto:

Sr.   D.

Uso de los puntos suspensivos (...)

Representan una pausa para indicar una interrupción en el enunciado o un final impreciso. Se emplean:

- Para dejar una oración incompleta, con su significado en suspenso:

  Había allí multitud de flores, árboles, pájaros...

- Para indicar que un texto que se reproduce no está completo. En este caso, los puntos suspensivos se ponen entre paréntesis o entre corchetes:

  Allá (...), había gente por doquier.

- Para expresar duda o vacilación:

  Espere... déjeme explicarle... es que yo...

Después de etcétera o etc., nunca se ponen puntos suspensivos, por ser una redundancia.
Los signos de interrogación y de admiración se colocan antes de los puntos suspensivos, salvo cuando no se acaba una palabra o frase:

¡Adelante!... ¡Eres un c...!

Uso del paréntesis ( )

Se utiliza:

- Para interrumpir, con una frase aclarativa, el curso de la oración:

  Jorge (que estaba de mal humor) le contestó de mala manera.

- Para ofrecer una explicación o desarrollar una abreviatura:

  La ONU (Organización de las Naciones Unidas) ha declarado que…

Uso de las comillas (« » " ")

Se emplean:

- Para reproducir textualmente lo dicho o escrito por alguien:

  El presidente ha manifestado: «Hay que mantener la calma».

- Para destacar neologismos o palabras usadas con un significado no habitual:

  Tomás se dedica ahora al «puenting».
  Estos gastos han dado un buen «pellizco» al presupuesto.

- Para resaltar incorrecciones de lenguaje:

  Dice que ha ido al «fúrbol» en un «tasis».

- Para los sobrenombres o apodos:

  Manuel Benítez, «El Cordobés». Eleuterio Sánchez, «El Lute».

- Para los títulos de obras literarias o artísticas en general:

  He leído «Viaje a la Alcarria», de Cela.
  No puedo soportar la «Pastoral» de Beethoven.

- No deben escribirse entre comillas los nombres oficiales de empresas, instituciones, partidos políticos, cines, teatros, agencias de noticias, etc.

Las comillas simples (' ') se usan para resaltar una palabra o frase: so ('bajo').

Uso de la diéresis (¨)

La diéresis se utiliza para indicar que la u debe pronunciarse en las combinaciones gue y gui:

    lengüeta, desagüe, pingüino, argüir

Uso del guión (-)

El guión corto sirve para unir las dos partes de un término compuesto:

franco-alemán, coche-cama

y para la división de sílabas, sobre todo en palabras a final de línea:

tem-plo

El guión largo o raya (—) se usa en los diálogos para indicar los párrafos de cada interlocutor:

—¿Cómo vienes a estas horas?
—Es que el tráfico está horroroso...
—¡Eso no es excusa!

También se emplea el guión largo para marcar los incisos dentro de una oración, con la misma función que hemos visto en el paréntesis.

¿No os encantan —como al cronista— los viejos pueblos?

Uso de los corchetes [ ]

Sustituyen al paréntesis en una oración que encierra, a su vez, otras palabras o frases entre paréntesis:

Azorín [que había nacido en Monóvar (Alicante)] solía escribir...

Uso de la barra diagonal (/)

Se usa:

- Para determinar símbolos técnicos: km/hora, litros/minuto.

- Para expresar quebrados o fracciones: 3/5.

- Para indicar que una palabra puede tener diversas terminaciones: el alumno/a.

USO DE LAS LETRAS MINÚSCULAS

Se escriben con minúscula:

- Los nombres de los meses del año, las estaciones del año, los días de la semana: enero, marzo, primavera, invierno, lunes, martes.

- Los nombres de las monedas: un euro, dos dólares.

- Los tratamientos, cuando se escriben con toda la letra: su majestad, su excelencia, su santidad.

- Los nombres de ciencias, técnicas, etc., en tanto no entren a formar parte de una determinada denominación que exija mayúscula: la astronomía, las matemáticas, estudio de derecho comparado.

- Los gentilicios, nombres de miembros de religiones y los nombres de oraciones: español, francés, alemán, inglés, católico, protestante, discípulo de Jehová, el padrenuestro, el ángelus.

- Los nombres de títulos, cargos y dignidades civiles, militares y religiosas: el jefe del Estado, el coronel Estévanez, el ministro de la Gobernación, el obispo de Teruel.

- Los nombres de oficios y profesiones y los de los movimientos artísticos: impresor, oficinista, expresionismo, futurismo.

- Los nombres geográficos comunes: el golfo de Vizcaya, el cabo de Ajo, la península de los Balcanes.

- Los adjetivos usados en nombres geográficos: la Alemania oriental, la América central, los Alpes occidentales.

USO DE LAS LETRAS MAYÚSCULAS

Se escriben con mayúscula:

- Cualquier palabra que comience un escrito y las que vayan después de punto.

- Potestativamente, los versos. Lo normal, en la actualidad, es escribir con mayúsculas el primero y los que van después de punto.

- Todo nombre propio o voz que haga las veces de tal, como los atributos divinos: José, Sánchez, Azorín, Virgen María, El Redentor, Ebro, Europa, Micifuz.

- Los nombres y adjetivos que entren en la denominación de una institución, cuerpo o establecimiento: el Ayuntamiento de Madrid, la Real Academia Española, el Museo del Prado, el Teatro Calderón, el Hotel Imperial.

- Los nombres y adjetivos que entren en la denominación de un periódico o revista: El País, La Vanguardia, Cambio 16, El Mundo.

- En los documentos oficiales, leyes, decretos, etc., las palabras que expresan la autoridad, el cargo, la dignidad, etc.: la Autoridad que me ha conferido, la Monarquía, el Gobernador.

- Las denominaciones de exposiciones, congresos y los nombres de disciplinas académicas, cuando formen parte de la denominación de una cátedra, facultad, instituto, etc.: profesor de Historia de España, Facultad de Medicina, Salón Internacional del Mueble, Semana Nacional de la Gastronomía.

- Los nombres de documentos, conferencias, etc.: la Conferencia de Ginebra, los Pactos de la Moncha, Declaración de Contadora.

- Las denominaciones oficiales de los partidos políticos, agrupaciones, asociaciones, etc.: Organización de Consumidores Españoles, Partido Socialista Obrero Español, Izquierda Unida, Asociación de Afectados por la Riada.

- Los nombres de organismos oficiales, entidades, etc.: la Cámara de Representantes, el Senado, Archivo Histórico de Indias.

- La siglas se han de escribir con todas sus letras en mayúsculas: PP, PSOE, y, en los acrónimos, sólo la letra inicial: la Renfe.

Uso de la interrogación y de la exclamación

En español estos signos abren y cierran la oración. Su empleo es necesario al principio y al final.

- Los signos de interrogación se usan en oraciones interrogativas: ¿Qué quieres?, y los de exclamación en expresiones exclamativas: ¡Qué dolor!

- Tanto los signos de interrogación como los de exclamación se han de colocar en donde empiece y acabe el período interrogativo o exclamativo, respectivamente: Pero ¿no te encontrabas enfermo? Y entonces, ¡zas!, me sentí aliviado.

- Cuando las exclamaciones son varias y seguidas, se escriben con minúsculas y seguidas de coma: ¡Qué extraordinario!, ¡qué tontería!, ¡qué atrevimiento!

- Los signos de interrogación y exclamación admiten tras sí todos los signos ortográficos, excepto el punto final: ¡Vamos!, replicó.

- Cuando dos preguntas se suceden en el discurso, lo normal es que los signos de interrogación se coloquen en la última: Qué quieres, ¿pan?

- A veces estos signos se colocan entre paréntesis (!) (?) para indicar ironía, incredulidad, duda, sorpresa, etc.; en estos casos se usan los signos de cierre: El señor X nos indicó que la conferencia había sido en el club (?).

Algunos casos de separación de palabras

A donde/adonde:

Se escribe junto cuando hay un antecedente expreso. En caso contrario, se escribe separado:

Te espero en el cine **adonde** sueles ir. Debes acudir **a donde** te digan.

Así mismo/asimismo:

Es más frecuente su uso con el significado de 'igualmente'. Entonces se escribe junto:

Vi a Elena y Marta. **Asimismo** estaban allí Ana e Irene.

Se escribirá separado cuando cumpla la función de adverbio + adjetivo: Lo he escrito **así mismo**: como me habías indicado.

Con que/conque:

En el primer caso se trata de la preposición con + el pronombre relativo que:

Dame un lápiz **con que** escribir.

En el segundo, es una conjunción cuyo significado equivale al de de modo que:

Conque eso era lo que estabas tramando, ¿eh?

Sin número/sinnúmero:

En el primer caso se trata de la preposición sin + un sustantivo:

Estuvo **sin número** durante todo el sorteo.

En el segundo caso se trata de un sustantivo:

Ha pasado un **sinnúmero** de penalidades.

Si no/sino:

Se escribe separado cuando la conjunción condicional si antecede al adverbio no:

Si no me lo dices tú, no me lo creo.

Se escribe junto en el caso de la conjunción adversativa o del sustantivo sino (destino):

Nunca viaja en avión, **sino** en tren.
Es mi **sino**: cuanto más trabajo, menos me pagan.

DIVISIÓN DE PALABRAS A FINAL DE LÍNEA

Como norma general, las palabras que no quepan en una línea deberán dividirse para continuar en la siguiente, respetando tanto la sílaba como la formación etimológica:

pa-dre, nos-otros, ayun-ta-mien-to

Cuando la primera o la última sílaba de una palabra sea una vocal, no podrá quedar como último elemento de la línea, ni como primer elemento de la línea siguiente. Sería, por tanto, incorrecto:

*líne-a, a-mada, jubile-o, o-casión

Las letras que integran un diptongo o un triptongo nunca pueden separarse:

com-práis, vein-ti-séis, res-guar-dan

Cuando en una palabra dos consonantes formen parte de la misma sílaba, permanecen inseparables:

cons-cien-te, re-frac-ta-rio, nú-cle-o

Las consonantes situadas entre dos vocales forman sílaba con la segunda de ellas:

a-é-re-o, ca-sa, to-do

Las agrupaciones consonánticas cl, cr, dr, tr, fl, fr, gl, gr, pl, pr, bl y br forman siempre sílaba con la vocal siguiente.

in-clu-so, cua-dro, re-frán, des-gra-var, co-pla, en-tre-ga, ha-blan-do, a-brien-do

Cuando al dividir una palabra con h intercalada, ésta quede en final de línea con su correspondiente vocal, se pasará dicho grupo a la línea siguiente:

clor-hídrico, des-hacer, ex-hibir

ORTOGRAFÍA DE ALGUNAS LETRAS

b, v, w

Se escriben con b:

- Todos los verbos terminados en -bir, -buir, -aber o -eber, excepto atrever, hervir, precaver, servir y vivir.

- Las terminaciones -bil, -ble, -bilidad, -bundo y -bunda, con excepción de civil, móvil y todos sus derivados.

- Los vocablos que comienzan por bibl-, bea-, abu-, bur- o bus-, a excepción de avutarda.

- Las terminaciones del pretérito imperfecto de indicativo de los verbos de la primera conjugación (-ar).

- Todas las formas del verbo haber que contengan ese sonido.

- Se escribirá siempre b delante de otra consonante, aunque ésta pertenezca a la sílaba siguiente: hablar, broma, obstinado, obvio, subvención.

Se escriben con v:

- Todas las formas del verbo tener y de sus compuestos en las que se contenga ese sonido.

- Los adjetivos llanos terminados en -ave, -ava, -avo, -eva, -eve, -evo, -iva, -ive o -ivo: suave, esclava, octavo, nueva, leve, suevo, definitiva, proclive, vivo.

- Todas las palabras que empiezan por villa- (excepto billar), o por vice-, viz- o vi-: vicepresidente, virrey; por eva- (menos ébano y sus derivados), eve-, evi- y evo-: evasión, eventual, evitar y evolución.

- Los vocablos que inmediatamente antes de este sonido llevan el prefijo ad-: adverbio, o los prefijos sub- y ob-: subvención, obvio.

La letra w puede, en ocasiones, intercambiarse con la v:

walón ⟹ valón; wellingtonia ⟹ velintonia

c, k, q

El sonido /k/ puede representarse con c delante de a, o, u. Pero ante e o i es necesario escribir k o qu. La letra k tiene, en español, un uso muy restringido. Se emplea casi exclusivamente en voces extranjeras y en abreviaturas: káiser, kárate, kimono, kilómetro (km).

Sin embargo, la tendencia española —salvo en las abreviaturas— es a escribir con q esas palabras. Ante las vocales e, i, el sonido k se representa mediante qu: banquero, adoquín.

s, x

La concurrencia de sonidos /ks/ se representa mediante la letra x (con excepción de facsímil), tanto si se articula entre vocales, como al final de sílaba: auxilio, boxeo, clímax, texto.

El sonido inicial /eks/ se representa siempre con x, tanto si la siguiente letra es vocal, como si es consonante: exagerar, exégesis, excelso, extraño.

r, rr

La rr sólo se escribe en interior de palabra y entre vocales, y siempre representa el sonido tenso o fuerte. Cuando ese sonido figura en posición inicial o final y detrás de consonante, se representa con r:

arriba, borrego, churrasco, ahorro, rabo, recuerdo, rima, robo, rumor, alrededor, enriquecer, subrogación.

m + b, p

Delante de b o p siempre se escribe m; nunca n: cambio, compás, emblema, temprano.

i, y, ll

Se escribe con y la conjunción copulativa, a no ser que la palabra siguiente comience por i- o hi-, en cuyo caso se substituye por e:

Han llamado Ana e Irene. Se oyeron cantos e himnos.

Como excepción, se mantiene la y cuando la palabra siguiente empieza por hie-:

Polvo, sudor y hierro: el Cid cabalga.

Se escribe y cuando la primera sílaba de una palabra comienza con uno de los sonidos /ia/, /ie/, /io/ o /iu/: yate, yegua, yodo, yunta.

También, cuando al final de una palabra figura el sonido /i/ no acentuado: Uruguay, ley, hoy, muy.

Se escribe con ll las palabras acabadas en -illa, -illo, -ullo: murmullo, parrilla, animalillo.

h

Se escriben con h:

- Las formas verbales de: habitar, hacer, haber, hablar y hallar.
- Las palabras que comienzan por los prefijos hip- o hidr-, y sus derivados: hipódromo, hidropedal.
- Las que empiezan por los prefijos hecto-, hemi-, hiper-, hetero-, hepta- y hexa-: hectómetro, hipermercado, heterosexual.

- Los derivados y compuestos de las palabras que empiezan con h, excepto los de hueco, huérfano, hueso y huevo: hartazgo, herético, horroroso, huidizo pero: oquedad, orfanato, osario, oval.

- Los diptongos ie, ue, cuando no van precedidos de una consonante que forme sílaba con ellos, se escriben con h: deshielo, hierba, huele, deshuesar.

g, j + e, i

Se escriben con g:

- Las palabras que llevan la sílaba gen, cualquiera que sea el lugar que ocupe: gentío, regente, aborigen.

  Excepciones: ajeno, avejentar, berenjena, ojén, y las terceras personas del plural del presente de subjuntivo de los verbos cuyo infinitivo termina en -jar: aventajen.

- La mayor parte de las palabras terminadas en -gésimo, -gia, -gio y -gión, así como sus correspondientes plurales: trigésimo, sinergia, artilugio, región.

  Excepciones: herejía, lejía, bujía, crujía.

- Las palabras acabadas en -gélico, -genario, -gesimal, -giénico, -ginal, -ígena: angélico, octogenario, higiénico, original, indígena.

Se escriben con j:

- Las palabras acabadas en -aje, -eje, -jear, -jera, -jería, -jero: homenaje, mensajero.

- Todos los derivados de palabras que se escriben con j: cajista, encajar, herejía, rojizo, cojeando.

- Las formas verbales de todos los verbos terminados en -jear, -jer o -jir: tejer, crujen.

- Las formas del verbo traer y sus compuestos, en las que aparece este sonido: trajera o trajese.

- Las formas irregulares de los verbos cuyo infinitivo acaba en -cir: predijo, conduje, contradijeran.

La g ofrece dificultad ortográfica ante e o i:

- Suena fuerte, como la j, en ge y en gi: genio, gitano.

- Para que suene suave, es necesario interponer u, como gue, gui: guerra, guitarra.

PALABRAS CON DOBLE SIGNIFICADO

1. Según se escriban con g/j

agito	(verbo)	ajito	(diminutivo de ajo)
gira	(verbo)	jira	(sust.: excursión)
Girón	(apellido)	jirón	(sust.: trozo de tela)
gragea	(sust.: pastilla)	grajea	(verbo)
vegete	(verbo)	vejete	(diminutivo de viejo)
ingerir	(verbo introducir algo)	injerirse	(verbo entrometerse)

2. Según se escriban con y/ll

arrollo	(verbo)	arroyo	(sust.: riachuelo)
callado	(verbo)	cayado	(sust: bastón)
calló	(verbo callar)	cayó	(verbo caer)
halla	(verbo hallar)	haya	(verbo haber; sust.: árbol)
hulla	(sust.: carbón)	huya	(verbo huir)
olla	(sust.: puchero)	hoya	(sust.: fosa)
pollo	(sust.: ave)	poyo	(sust.: banco)
pulla	(sust.: expresión)	puya	(sust.: punta aguda)
rallo	(verbo rallar)	rayo	(sust.: chispa eléctrica)
rollo	(sust.: cilindro)	royo	(verbo roer)
valla	(sust.: cerca)	vaya	(verbo ir)

3. Según se escriban con h o sin ella

ablando	(verbo ablandar)	hablando	(verbo hablar)
abre	(verbo abrir)	habré	(verbo haber)
ala	(sustantivo)	hala	(interjección)
alambra	(verbo alambrar)	Alhambra	(palacio de Granada)
aprender	(verbo conocer)	aprehender	(verbo capturar)
aremos	(verbo arar)	haremos	(verbo hacer)
as	(sust: naipe)	has	(verbo haber)
asta	(sust.: cuerno)	hasta	(preposición)
desecho	(sust.: basura)	deshecho	(verbo deshacer)

echo	(verbo echar)	hecho	(verbo hacer)
errar	(verbo equivocarse)	herrar	(verbo poner hierros)
izo	(verbo izar)	hizo	(verbo hacer)
ojear	(verbo mirar)	hojear	(verbo pasar hojas)
ola	(sust.: onda)	hola	(interjección)
uso	(sust.: costumbre)	huso	(sust.: sector esférico)

4. Según se escriban con s/x

contesto	(verbo contestar)	contexto	(sust.: orden)
espiar	(verbo observar)	expiar	(verbo sufrir)
esotérico	(sust.: vulgar)	exotérico	(adj.: oculto)
esplique	(sust.: trampa)	explique	(verbo explicar)
espira	(sust.: línea)	expira	(verbo expirar)
espolio	(sust.: herencia)	expolio	(sust.: despojo)
estático	(adj.: inmóvil)	extático	(adj.: en éxtasis)
estirpe	(sust.: linaje)	extirpe	(verbo: extirpar)
seso	(sust.: cerebro)	sexo	(sust.: género)
testo	(verbo testar)	texto	(sust.: escrito)

5. Según se escriban con b/v

baca	(sust.: portaequipajes)	vaca	(sust.: res)
bacilo	(sust.: microbio)	vacilo	(verbo vacilar)
balido	(sust.: voz de la oveja)	valido	(sust.: cortesano)
balón	(sust.: pelota)	valón	(adj.: belga)
barón	(sust.: título nobiliario)	varón	(sust.: hombre)
basto	(adj.: rudo)	vasto	(adj.: amplio)
bello	(adj.: hermoso)	vello	(sust.: pelo)
bienes	(sust.: propiedades)	vienes	(verbo venir)
bota	(sust.: calzado; v. botar)	vota	(verbo votar)
bobina	(sust.: carrete)	bovina	(perteneciente al toro o la vaca)
cabila	(sust.: tribu)	cavila	(verbo cavilar)
había	(verbo haber)	avía	(verbo aviar)
rebela	(verbo rebelar)	revela	(verbo revelar)
sabia	(adj.: culta)	savia	(sust.: jugo vegetal)
tubo	(sust: conducto)	tuvo	(verbo tener)

La RAE admite alternancias:

- psicoanálisis y sicoanálisis,
- circunscrito y circunscripto,
- insustancial e insubstancial,
- posdata y postdata,
- transalpino y trasalpino,
- reembolso y rembolso.

Lo presentado en este capítulo se encuentra en **ESPAÑOL 2000**,

Nivel medio: págs. 87, 98, 110, 123, 135 y 230.

Nivel superior: pág. 84, 101, 120, 121, 122, 142, 144, 174, 191.

5. De abreviaturas, siglas y topónimos

LAS ABREVIATURAS

La abreviatura es la representación de una palabra por su letra inicial, sola o acompañada de otras, y seguida de un punto, tales como Dra. (doctora), Lic. (licenciado).

Se escribe con mayúscula la letra inicial de las abreviaturas de tratamiento, tales como Dr. (doctor), Ilmo., (ilustrísimo) o Excmo. (excelentísimo).

En cuanto a la formación del plural, se admiten dos posibilidades:

- Las abreviaturas que llevan un punto detrás de cada letra forman el plural duplicando las iniciales:

    S. A. R.: SS. AA. RR. (Sus Altezas Reales), C. O.: CC.OO. (Comisiones Obreras)

- Aquellas en que las letras figuran seguidas forman el plural añadiendo s o es, según la regla general, a la forma del singular:

    Srta.: Srtas. (señoritas), Pág.: Págs. (páginas)

Al leer, la palabra abreviada debe pronunciarse en toda su plenitud, como si se tratara de un fragmento de lengua oral, ya que sólo se trata de un recurso de la lengua escrita.

    Sr. Pte. ha de ser leído: Señor Presidente.

LAS SIGLAS

Las siglas son signos que sirven para abreviar la escritura; por regla general, se forman con la letra inicial de las palabras que la componen: UGT.

En la lectura de las siglas deberá procederse según lo indicado para las abreviaturas: EE.UU. deberá leerse Estados Unidos, y no e e u u. En general, las siglas no admiten plural por flexión:

El AVE $\Rightarrow$ *Los AVEs (trenes de alta velocidad)

$\qquad \Rightarrow \quad$ Los AVE

SIGLAS Y ABREVIATURAS

ADENA	Asociación para la Defensa de la Naturaleza.
AEDENAT	Asociación Ecologista de Defensa de la Naturaleza.
AI	Amnistía Internacional.
AIEA	Agencia Internacional de Energía Atómica.
a. J. C.	Antes de Jesucristo.
a. m.	«Ante meridiem». Antes del mediodía.
A.M.D.G.	«Ad majorem Dei Gloriam». A la mayor gloria de Dios.
ANAFE	Asociación Nacional de Árbitros de Fútbol Españoles.
ANFAC	Asociación Nacional de Fabricantes de Automóviles y Camiones.
APA	Asociación de Padres de Alumnos.
APIE	Asociación de Periodistas de Información Económica.
ASPLA	Asociación Sindical de Pilotos de Líneas Aéreas.
ATS	Ayudante Técnico Sanitario.
AVE	Alta Velocidad Española (Tren de).
BBC	Compañía Británica de Radiodifusión (British Broadcasting Corporation).
BOE	Boletín Oficial del Estado.
CD	Cuerpo Diplomático.
CE	Comunidad Europea.
CEI	Comunidad de Estados Independientes.
CEOE	Confederación Española de Organizaciones Empresariales.
CEPSA	Compañía Española de Petróleos, S.A.
CGPJ	Consejo General del Poder Judicial.
CIA	Agencia Central de Inteligencia.
CIF	Código de Identificación Fiscal.
CNMV	Comisión Nacional del Mercado de Valores.
CNT	Confederación Nacional del Trabajo.
COI	Comité Olímpico Internacional.
COU	Curso de Orientación Universitaria.
CSIC	Consejo Superior de Investigaciones Científicas.
CSN	Consejo de Seguridad Nacional.
CTNE	Compañía Telefónica Nacional de España.
DIU	Dispositivo Intrauterino.
DNI	Documento Nacional de Identidad.
DRAE	Diccionario de la Real Academia Española.
EGB	Educación General Básica.
ENAGAS	Empresa Nacional del Gas.
ESO	Enseñanza Secundaria Obligatoria.
FEF	Federación Española de Fútbol.
FIBA	Federación Internacional de Baloncesto Amateur.
FIFA	Federación Internacional de Fútbol Amateur.
FM	Frecuencia modulada.
FMI	Fondo Monetario Internacional.
INEF	Instituto Nacional de Educación Física.
IPC	Índice de Precios al Consumo.
IPI	Instituto Internacional de Prensa.
IRPF	Impuesto sobre la Renta de las Personas Físicas.
ISBN	Número Internacional Normalizado para los Libros.
ITE	Impuesto de Tráfico de Empresas.
IVA	Impuesto sobre el Valor Añadido.
NIF	Número de Identificación Fiscal.
OCU	Organización de Consumidores y Usuarios.

OEA	Organización de Estados Americanos.
OIT	Organización Internacional del Trabajo.
OLP	Organización para la Liberación de Palestina.
OMS	Organización Mundial de la Salud.
ONCE	Organización Nacional de Ciegos Españoles.
ONU	Organización de las Naciones Unidas.
OTAN	Organización del Tratado del Atlántico Norte.
PNB	Producto Nacional Bruto.
RACE	Real Automóvil Club de España.
RAE	Real Academia Española.
RENFE	Red Nacional de Ferrocarriles Españoles.
RTVE	Radiotelevisión Española.
SMI	Sistema Monetario Internacional.
UCI	Unidad de Cuidados Intensivos.
UE	Unión Europea.
UEFA	Unión de Asociaciones Europeas de Fútbol.
UHF	Frecuencias ultraelevadas.
UNED	Universidad Nacional de Educación a Distancia.
UNICEF	Fondo de las Naciones Unidas para la Infancia.
VHF	Frecuencias muy elevadas.
VIP	Persona muy importante.

ABREVIATURAS MÁS USADAS

a/c	a cuenta
a/f	a favor
Admón.	Administración
Afmo.	Afectísimo
agr.	agricultura
Art.	Artículo
atta.	atenta
atte.	atentamente
autom.	automovilismo
bibl.	bibliografía
Biol.	Biología
Bioq.	Bioquímica
c/	calle
c/a.	cuenta abierta
c/c.	cuenta corriente
Cía.	Compañía
corp.	corporación
cta./cte.	cuenta corriente
D.	Don
D.ª	Doña
Dep.	Deportes
Depto.	Departamento
dcto.	descuento
dcha.	derecha
docum.	documentación
Dr.	Doctor
Dra.	Doctora
Ecol.	Ecología
Econ.	Economía
Educ.	Educación
Exc.ª	Excelencia
Excmo.	Excelentísimo
Fac.	Facultad
fol.	folio
fra.	Factura
Geogr.	Geografía
Gral.	General
Ilmo.	Ilustrísimo
imp.	impuesto
impte.	importe
Ind.	Industria
izq.	izquierda

Lic.	Licenciado		Quím.	Química
líq.	líquido		S. A.	Sociedad Anónima
Ltda.	Limitada		S. C.	Sociedad Comanditaria
m/cc.	mi cuenta corriente		S. L.	Sociedad Limitada
ntro.	nuestro		S. P.	Servicio Público
p.b.	peso bruto		s/cc.	su cuenta corriente
PIB	producto interior bruto		Sr.	Señor
p.n.	peso neto		Sra.	Señora
p. ej.:	por ejemplo:		Srta.	Señorita
P. V. P.	Precio de venta al público		Sind.	Sindicato
pág.	página		Seg.	Seguro
pl.	plural		Téc.	Técnico
Pol.	Política		tpte.	transporte
Pral.	Principal		Ud./Uds.	Usted/Ustedes
Prof.	Profesor		V° B°	Visto bueno
pról.	prólogo		vol.	volumen
Pte.	Presidente		vta.	venta
pzo.	plazo			

UNIDADES MONETARIAS Y SUS SÍMBOLOS

Alemania	euro (€)		Egipto	libra (£E)
Andorra	euro (€)		El Salvador	colón (¢)
Arabia Saudita	riyal saudita (SR)		España	euro (€)
Argelia	dinar argelino (AD)		Estados Unidos	dólar (US$)
Argentina	peso ($)		Finlandia	euro (€)
Armenia	dramª (dr)		Francia	euro (€)
Austria	euro (€)		Grecia	euro (€)
Bélgica	euro (€)		Guatemala	quetzal (Q)
Bielorrusia	rublo (Rb)		Honduras	lempira (L)
Brasil	real (R$)		Hungría	euro (€)
Bulgaria	leva (L)		India	rupia (rp)
Cabo Verde	escudo (esc)		Irlanda	euro (€)
Canadá	dólar canadiense (C$)		Israel	nuevo siclo (NIS)
Colombia	peso ($C)		Italia	euro (€)
Costa Rica	colón (C)		Japón	yen (¥)
Cuba	peso ($C)		Kuwait	dinar (KD)
Chile	peso ($Ch)		Luxemburgo	euro (€)
China	yuan (Y)		Marruecos	dirham (DH)
Dinamarca	corona (kr)		México	nuevo peso (N$)
Ecuador	sucre (s/.)		Mónaco	euro (€)

Nicaragua	córdoba oro ($C°)	Rumanía	leu (L)
Nigeria	naira (N)	Rusia	rublo (R)
Noruega	corona (kr)	Siria	libra (£S)
Países Bajos	euro (€)	Sudáfrica	rand (R)
Pakistán	rupia (Rp)	Suecia	corona sueca (SKr)
Panamá	balboa (B)	Suiza	franco suizo (FS)
Paraguay	guaraní (G)	Tailandia	baht (B)
Perú	nuevo sol (s/.)	Túnez	dinar (TD)
Polonia	zloty (zl)	Turquía	lira (TL)
Portugal	euro (€)	Uruguay	nuevo peso (NU$)
Puerto Rico	dólar de EEUU (US$)	Vaticano	euro (€)
Reino Unido	libra esterlina (£)	Venezuela	bolívar (Bs.)
Rep. Dominicana	peso (RD$)	Vietnam	dong nuevo (D)

SOBRE TOPÓNIMOS

A efectos de escritura, es conveniente distinguir entre:

- Nombres de uso tradicional y arraigado en castellano, que corresponden —en general— a países y localidades de antigua y larga relación con España. Dichos nombres deben escribirse en castellano:

  Amberes, Aquisgrán, Berlín, Bruselas, Burdeos, Florencia, Gotemburgo, Londres, Milán, Múnich, Turín...

  (México, Texas y Oaxaca se pronuncian: Méjico, Tejas y Oajaca)

- Nombres que no tienen grafía castellana y se transcriben hispanizando las grafías:

  Djibuti ⟹ Yibuti

  Quatar ⟹ Katar

  Zimbabwe ⟹ Zimbabue

- Nombres que, aunque tuvieron denominación en castellano, han cambiado de forma por razones políticas:

  Bioko (Fernando Poo)

  Malabo (Santa Isabel)

  Sri Lanka (Ceilán)

  Taiwan (Formosa)

GRAFÍA CASTELLANA DE ALGUNOS NOMBRES GEOGRÁFICOS

Addis-Ababa	Adis Abeba (Etiopía)	Finland	Finlandia (Europa)
Alexandría	Alejandría (Egipto)	Firenze	Florencia (Italia)
Algérie	Argelia (África)	France	Francia (Europa)
Alsace	Alsacia (Francia)	Freiburg	Friburgo (Alemania)
Angoulême	Angulema (Francia)		
Ardennes	Ardenas (Francia)	Garonne	Garona (Francia)
Avignon	Aviñón (Francia)	Gascogne	Gascuña (Francia)
		Genève	Ginebra (Suiza)
Baghdad	Bagdad (Irak)	Göteborg	Goteburgo (Suecia)
Bayonne	Bayona (Francia)	Great Britain	Gran Bretaña (Europa)
Belgique	Bélgica (Europa)	Greenland	Groenlandia (América)
Berne	Berna (Suiza)		
Beyrouth	Beirut (Líbano)	Hamburg	Hamburgo (Alemania)
Bologna	Bolonia (Italia)	Hungary	Hungría (Europa)
Bordeaux	Burdeos (Francia)		
Boulogne	Boloña (Francia)	Iceland	Islandia (Europa)
Bourgogne	Borgoña (Francia)	Ireland	Irlanda (Europa)
Brandenbourg	Brandenburgo (Alemania)	Istanbul	Estambul (Turquía)
Bruges	Brujas (Bélgica)		
Bruxelles	Bruselas (Bélgica)	Jakarta	Yacarta (Asia)
Bucharest	Bucarest (Rumania)		
		Kenya	Kenia (África)
Calais	Calé (Francia)	Khartoum	Jartún (África)
Cambodia	Camboya (Asia)	Koblenz	Coblenza (Alemania)
Cherbourg	Cherburgo (Francia)	Korea	Corea (Asia)
Cologne	Colonia (Alemania)		
Copenhaguen	Copenhague (Dinamarca)	La Haye	La Haya (Holanda)
		Lausanne	Lausana (Suiza)
Corse	Córcega (Francia)	Le Havre	El Havre (Francia)
Crete	Creta (Italia)	Lebanon	Líbano (Asia)
Cyprus	Chipre (Asia)	Libya	Libia (África)
		Liège	Lieja (Bélgica)
Denmark	Dinamarca (Europa)	Loire	Loira (Francia)
Djibouti	Yibuti (África)	London	Londres (Inglaterra)
Dresden	Dresde (Alemania)	Lorraine	Lorena (Francia)
		Louvain	Lovaina (Bélgica)
Edinbourgh	Edimburgo (Escocia)		
Egypt	Egipto (África)	Maastricht	Mastrique (Holanda)
England	Inglaterra (Europa)	Mainz	Maguncia (Alemania)
Escaut	Escalda (Países Bajos)	Maroc	Marruecos (África)

Marseille	Marsella (Francia)	Scandinavia	Escandinavia (Europa)
Memphis	Menfis (EE.UU.)	Scotland	Escocia (Reino Unido)
Milano	Milán (Italia)	Seine	Sena (Francia)
Moscova	Moscú (Rusia)	Seoul	Seúl (Asia)
München	Múnich (Alemania)	Singapoore	Singapur (Asia)
		Slovakia	Eslovaquia (Europa)
Napoli	Nápoles (Italia)	Slovenia	Eslovenia (Europa)
Netherlands	Holanda (Europa)	South África	Sudáfrica (África)
New Caledonia	Nueva Caledonia (Pacífico)	Stockholm	Estocolmo (Suecia)
New Delhi	Nueva Delhi (India)	Strasbourg	Estrasburgo (Francia)
New Orleans	Nueva Orleans (EE.UU.)	Sweden	Suecia (Europa)
New York	Nueva York (EE.UU.)	Switzerland	Suiza (Europa)
Nice	Niza (Francia)	Sydney	Sidney (Australia)
Norway	Noruega (Europa)	Syracuse	Siracusa (EE.UU.)
Nürnberg	Nuremberg (Alemania)	Syria	Siria (Asia)
Ostend	Ostende (Bélgica)	Thailand	Tailandia (Asia)
		Thames	Támesis (Inglaterra)
Paris	París (Francia)	Tiranë	Tirana (Albania)
Peking	Pekín o Pequín (China)	Tokyo	Tokio (Japón)
Pennsylvania	Pensilvania (EE.UU.)	Torino	Turín (Italia)
Perpignan	Perpiñán (Francia)	Toulon	Tolón (Francia)
Philadelphia	Filadelfia (EE.UU.)	Toulouse	Tolosa (Francia)
Phoenix	Fénix (EE.UU.)	Tunis	Túnez (África)
Reyjkavik	Reijiavik (Islandia)	United Kingdom	Reino Unido (Europa)
Rheine	Rhin (Alemania)	United States	Estados Unidos (América)
Romanía	Rumanía (Europa)		
Rotterdam	Róterdam (Holanda)	Vancouver	Vancúver (Canadá)
Rouen	Ruán (Francia)	Venezia	Venecia (Italia)
Rwanda	Ruanda (África)	Versailles	Versalles (Francia)
Sardenia	Cerdeña (Italia)	Wales	Gales (Gran Bretaña)
St. Louis	San Luis (EE.UU.)	Wien	Viena (Austria)
St. Petersbourg	San Petersburgo (Rusia)		
Salzburg	Salzburgo (Austria)	Zimbabwe	Zimbabue (África)
Savoie	Saboya (Francia)		

GENTILICIOS EXTRANJEROS

Afganistán	afgano/a	Cairo (El)	cairota
África	africano/a	Camboya	camboyano/a
Albania	albanés/a	Camerún	camerunense;
Alemania	alemán/a		camerunés/a
Amberes	antuerpiense	Canadá	canadiense
América	americano/a	Caracas	caraqueño/a
Andorra	andorrano/a	Cerdeña	sardo/a
Angola	angoleño/a	Chipre	chipriota
Arabia Saudí	saudí	Colombia	colombiano/a
Argelia	argelino/a	Congo	congoleño/a
Argentina	argentino/a	Córcega	corso/a
Armenia	armenio/a	Corea	coreano/a
Asia	asiático/a	Costa Rica	costarricense
Atenas	ateniense	Costa de Marfil	marfileño/a
Australia	australiano/a	Croacia	croata
Austria	austriaco/a	Cuba	cubano/a
Azerbaiyán	azerbaiyano/a	Curacao	curazoleño/a
		Chequia	checo/a
Bangladesh	bengalí	Chile	chileno/a
Baviera	bávaro/a	China	chino/a
Beirut	beirutí	Chipre	chipriota
Bélgica	belga		
Belice	beliceño/a	Damasco	damasceno/a
Bérgamo	bergamasco/a	Dinamarca	danés/a
Bielorrusia	bielorruso/a	Dublín	dublinés/a
Birmania	birmano/a		
Bolivia	boliviano/a	Ecuador	ecuatoriano/a
Bogotá	bogotano/a	Egipto	egipcio/a
Borgoña	borgoñón/a	Eritrea	eritreo/a
Bosnia	bosnio/a	El Salvador	salvadoreño/a
Botswana	botswano/a	Escocia	escocés/a
Brasil	brasileño/a;	Eslovaquia	eslovaco/a
	brasileiro/a	Eslovenia	esloveno/a
Bretaña	bretón/a	Estados Unidos	estadounidense
Bruselas	bruselense	Estonia	estoniano/a
Buenos Aires	bonaerense	Etiopía	etíope
Bulgaria	búlgaro/a	Europa	europeo/a
Burdeos	bordelés/a		
Burundi	burundés/a	Filipinas	filipino/a

Finlandia	finlandés/a; finés/a	Laos	laosiano/a
Francia	francés/a	Letonia	letón/a
		Líbano	libanés/a
Gabón	gabonés/a	Liberia	liberiano/a
Gales	galés/a	Libia	libio/a
Gambia	gambiano/a	Lima	limeño/a
Georgia	georgiano/a	Lisboa	lisboeta
Ghana	ganés/a	Lituania	lituano/a
Gibraltar	gibraltareño/a	Londres	londinense
Ginebra	ginebrino/a	Luxemburgo	luxemburgués/a
Grecia	griego/a		
Guatemala	guatemalteco/a	Macedonia	macedonio/a
Guinea	guineano/a	Madagascar	malgache
		Malasia	malayo/a
Haití	haitiano/a	Malta	maltés/a
Holanda	holandés/a	Marruecos	marroquí;
Honduras	hondureño/a		alahuita
Hungría	húngaro/a;	Marsella	marsellés/a
	magiar	Mauritania	mauritano/a
		México	mexicano/a
India	indio/a; hindú	Milán	milanés/a
Indonesia	indonesio/a	Moldavia	moldavo/a
Inglaterra	inglés/a	Mónaco	monegasco/a
Irak	iraquí	Mongolia	mongol/a
Irán	iraní	Montenegro	montenegrino/a
Irlanda	irlandés/a	Montevideo	montevideano/a
Islandia	islandés/a	Moscú	moscovita
Israel	israelí; israelita	Mozambique	mozambiqueño/a
Italia	italiano/a		
		Nápoles	napolitano/a
Jamaica	jamaicano/a	Nepal	nepalí
Japón	japonés/a;	Nicaragua	nicaragüense
	nipón/a	Níger	nigeriano/a
Jordania	jordano/a	Nigeria	nigeriense
		Niza	nizardo/a
Kazajistán	kazaco/a	Noruega	noruego/a
Kenia	keniata	Nueva York	neoyorquino/a
Kirguizistán	kirgiz; kirguis	Nueva Zelanda	neocelandés/a
Kurdistán	kurdo/a		
Kuwait	kuwaití	Oceanía	oceánico/a
La Habana	habano/a	Omán	omaní

Pakistán	paquistaní	Suiza	suizo/a
Panamá	panameño/a	Suráfrica	surafricano/a
Paraguay	paraguayo/a	Suriname	surinamés/a
París	parisino/a		
Perú	peruano/a	Tailandia	tailandés/a
Pekín	pequinés/a	Taiwán	taiwanés/a
Polonia	polaco/a	Tanzania	tanzano/a
Portugal	portugués/a	Tayiquistán	tayiko/a
Puerto Rico	portorriqueño/a	Togo	togolés/a
		Túnez	tunecino/a
Quito	quiteño/a	Turkmenistán	turcomano/a
		Turquía	turco/a
República Dominicana	dominicano/a		
Roma	romano/a	Ucrania	ucraniano/a
Ruanda	ruandés/a	Uganda	ugandés/a
Rumanía	rumano/a	Uruguay	uruguayo/a
Rusia	ruso/a	Uzbekistán	uzbeko/a
Santa Sede	vaticano/a	Venecia	veneciano/a
Santiago	santiagueño/a	Venezuela	venezolano/a
Santo Domingo	dominicano/a	Viena	vienés/a
Senegal	senegalés/a	Vietnam	vietnamita
Serbia	serbio/a		
Singapur	singapurense	Yemen	yemení
Siria	sirio/a	Yucatán	yucateco/a
Somalia	somalí		
Sudán	sudanés/a	Zaire	zaireño/a
Suecia	sueco/a	Zambia	zambiano/a

ALGUNOS GENTILICIOS ESPAÑOLES

Álava	alavés/a	Barcelona	barcelonés/a
Albacete	albaceteño/a	Bilbao	bilbaíno/a
Alcalá de Henares	alcalaíno/a; complutense	Burgos	burgalés/a
Alicante	alicantino/a	Cáceres	cacereño/a
Almería	almeriense	Cádiz	gaditano/a
Ávila	abulense	Castellón	castellonense
		Ciudad Real	ciudarrealeño/a
Badajoz	pacense	Córdoba	cordobés/a
	badajocense	Cuenca	conquense

Gerona	gerundense	Pamplona	pamplonés/a
Granada	granadino/a	Pontevedra	pontevedrés/a
Guadalajara	alcarreño/a		
		Salamanca	salmantino/a
Huelva	onubense	San Sebastián	donostiarra
Huesca	oscense	Santander	santanderino/a
		Santiago	santiagués/a;
Ibiza	ibicenco/a		compostelano/a
		Segovia	segoviano/a
Jaén	jienense	Sevilla	sevillano/a
		Soria	soriano/a
La Coruña	coruñés/a		
León	leonés/a	Tarragona	tarraconense
Logroño	logroñés/a	Teruel	turolense
Lugo	lucense	Toledo	toledano/a
Madrid	madrileño/a	Valencia	valenciano/a
Málaga	malagueño/a	Valladolid	vallisoletano/a
Mallorca	mallorquín/ina	Vitoria	vitoriano/a
Mérida	emeritense		
Murcia	murciano/a	Zaragoza	zaragozano/a
		Zamora	zamorano/a
Orense	orensano/a		
Oviedo	ovetense		

Lo tratado en este capítulo se encuentra en **ESPAÑOL 2000**,

Nivel elemental: págs. 21, 41.

Nivel medio: págs. 209, 217.

Nivel superior: págs. 22, 42, 63, 80, 190, 218.

6. De la conjugación

Verbo SER

FORMAS NO PERSONALES

Simples		Compuestas	
INFINITIVO:	ser	haber	sido
GERUNDIO:	siendo	habiendo	sido
PARTICIPIO:	sido		

INDICATIVO

Presente	Pretérito perfecto o Antepresente	
soy	he	sido
eres	has	sido
es	ha	sido
somos	hemos	sido
sois	habéis	sido
son	han	sido

Pretérito imperfecto o Copretérito	Pretérito pluscuamperfecto o Antecopretérito	
era	había	sido
eras	habías	sido
era	había	sido
éramos	habíamos	sido
erais	habíais	sido
eran	habían	sido

SUBJUNTIVO

Presente	Pretérito perfecto o Antepresente	
sea	haya	sido
seas	hayas	sido
sea	haya	sido
seamos	hayamos	sido
seáis	hayáis	sido
sean	hayan	sido

Pretérito imperfecto o Copretérito		
fuera	o	fuese
fueras	o	fueses
fuera	o	fuese
fuéramos	o	fuésemos
fuerais	o	fueseis
fueran	o	fuesen

Pretérito indefinido o Pretérito	Pretérito anterior o Antepretérito		Pretérito pluscuamperfecto o Antecopretérito			
fui	hube	sido	hubiera	o	hubiese	sido
fuiste	hubiste	sido	hubieras	o	hubieses	sido
fue	hubo	sido	hubiera	o	hubiese	sido
fuimos	hubimos	sido	hubiéramos	o	hubiésemos	sido
fuisteis	hubisteis	sido	hubierais	o	hubieseis	sido
fueron	hubieron	sido	hubieran	o	hubiesen	sido

Futuro imperfecto o Futuro	Futuro perfecto o Antefuturo	
seré	habré	sido
serás	habrás	sido
será	habrá	sido
seremos	habremos	sido
seréis	habréis	sido
serán	habrán	sido

IMPERATIVO

sé

    (sea)*

    (seamos)*

sed

    (sean)*

Condicional simple o Pospretérito	Condicional compuesto o Antepospretérito	
sería	habría	sido
serías	habrías	sido
sería	habría	sido
seríamos	habríamos	sido
seríais	habríais	sido
serían	habrían	sido

* Dichas formas pertenecen al presente de subjuntivo.

Verbo ESTAR

FORMAS NO PERSONALES

Simples		Compuestas	
INFINITIVO:	estar	haber	estado
GERUNDIO:	estando	habiendo	estado
PARTICIPIO:	estado		

INDICATIVO

Presente	Pretérito perfecto o Antepresente	
estoy	he	estado
estás	has	estado
está	ha	estado
estamos	hemos	estado
estáis	habéis	estado
están	han	estado

Pretérito imperfecto o Copretérito	Pretérito pluscuamperfecto o Antecopretérito	
estaba	había	estado
estabas	habías	estado
estaba	había	estado
estábamos	habíamos	estado
estabais	habíais	estado
estaban	habían	estado

Pretérito indefinido o Pretérito	Pretérito anterior o Antepretérito	
estuve	hube	estado
estuviste	hubiste	estado
estuvo	hubo	estado
estuvimos	hubimos	estado
estuvisteis	hubisteis	estado
estuvieron	hubieron	estado

SUBJUNTIVO

Presente	Pretérito perfecto o Antepresente	
esté	haya	estado
estés	hayas	estado
esté	haya	estado
estemos	hayamos	estado
estéis	hayáis	estado
estén	hayan	estado

Pretérito imperfecto o Copretérito		
estuviera	o	estuviese
estuvieras	o	estuvieses
estuviera	o	estuviese
estuviéramos	o	estuviésemos
estuvierais	o	estuvieseis
estuvieran	o	estuviesen

Pretérito pluscuamperfecto o Antecopretérito			
hubiera	o	hubiese	estado
hubieras	o	hubieses	estado
hubiera	o	hubiese	estado
hubiéramos	o	hubiésemos	estado
hubierais	o	hubieseis	estado
hubieran	o	hubiesen	estado

Futuro imperfecto o Futuro	Futuro perfecto o Antefuturo	
estaré	habré	estado
estarás	habrás	estado
estará	habrá	estado
estaremos	habremos	estado
estaréis	habréis	estado
estarán	habrán	estado

Condicional simple o Pospretérito	Condicional compuesto o Antepospretérito	
estaría	habría	estado
estarías	habrías	estado
estaría	habría	estado
estaríamos	habríamos	estado
estaríais	habríais	estado
estarían	habrían	estado

IMPERATIVO

está

    (esté)*

    (estemos)

estad

    (estén)*

* Dichas formas pertenecen al presente de subjuntivo.

Verbo HABER

FORMAS NO PERSONALES

Simples		Compuestas	
INFINITIVO:	haber	haber	habido
GERUNDIO:	habiendo	habiendo	habido
PARTICIPIO:	habido		

INDICATIVO

Presente	Pretérito perfecto o Antepresente	
he	he	habido
has	has	habido
ha/hay	ha	habido
hemos	hemos	habido
habéis	habéis	habido
han	han	habido

Pretérito imperfecto o Copretérito	Pretérito pluscuamperfecto o Antecopretérito	
había	había	habido
habías	habías	habido
había	había	habido
habíamos	habíamos	habido
habíais	habíais	habido
habían	habían	habido

Pretérito indefinido o Pretérito	Pretérito anterior o Antepretérito	
hube	hube	habido
hubiste	hubiste	habido
hubo	hubo	habido
hubimos	hubimos	habido
hubisteis	hubisteis	habido
hubieron	hubieron	habido

SUBJUNTIVO

Presente	Pretérito perfecto o Antepresente	
haya	haya	habido
hayas	hayas	habido
haya	haya	habido
hayamos	hayamos	habido
hayáis	hayáis	habido
hayan	hayan	habido

Pretérito imperfecto o Copretérito

hubiera	o	hubiese
hubieras	o	hubieses
hubiera	o	hubiese
hubiéramos	o	hubiésemos
hubierais	o	hubieseis
hubieran	o	hubiesen

Pretérito pluscuamperfecto o Antecopretérito

hubiera	o	hubiese	habido
hubieras	o	hubieses	habido
hubiera	o	hubiese	habido
hubiéramos	o	hubiésemos	habido
hubierais	o	hubieseis	habido
hubieran	o	hubiesen	habido

Futuro
imperfecto
o Futuro

habré
habrás
habrá
habremos
habréis
habrán

Futuro
perfecto
o Antefuturo

habré   habido
habrás   habido
habrá   habido
habremos   habido
habréis   habido
habrán   habido

IMPERATIVO

he
            (haya)*
            (hayamos)*
habed
            (hayan)*

Condicional
simple
o Pospretérito

habría
habrías
habría
habríamos
habríais
habrían

Condicional
compuesto
o Antepospretérito

habría   habido
habrías   habido
habría   habido
habríamos habido
habríais   habido
habrían   habido

* Dichas formas pertenecen al presente
de subjuntivo.

CONJUGACIÓN DE LOS VERBOS REGULARES EN **-AR, -ER, -IR**

Verbo AMAR

FORMAS NO PERSONALES

Simples			Compuestas	
INFINITIVO:	amar		haber	amado
GERUNDIO:	amando		habiendo	amado
PARTICIPIO:	amado			

INDICATIVO

Presente	Pretérito perfecto o Antepresente	
amo	he	amado
amas	has	amado
ama	ha	amado
amamos	hemos	amado
amáis	habéis	amado
aman	han	amado

Pretérito imperfecto o Copretérito	Pretérito pluscuamperfecto o Antecopretérito	
amaba	había	amado
amabas	habías	amado
amaba	había	amado
amábamos	habíamos	amado
amabais	habíais	amado
amaban	habían	amado

Pretérito indefinido o Pretérito	Pretérito anterior o Antepretérito	
amé	hube	amado
amaste	hubiste	amado
amó	hubo	amado
amamos	hubimos	amado
amasteis	hubisteis	amado
amaron	hubieron	amado

SUBJUNTIVO

Presente	Pretérito perfecto o Antepresente	
ame	haya	amado
ames	hayas	amado
ame	haya	amado
amemos	hayamos	amado
améis	hayáis	amado
amen	hayan	amado

Pretérito imperfecto o Copretérito		
amara	o	amase
amaras	o	amases
amara	o	amase
amáramos	o	amásemos
amarais	o	amaseis
amaran	o	amasen

Pretérito pluscuamperfecto o Antecopretérito

hubiera	o	hubiese	amado
hubieras	o	hubieses	amado
hubiera	o	hubiese	amado
hubiéramos	o	hubiésemos	amado
hubierais	o	hubieseis	amado
hubieran	o	hubiesen	amado

Futuro imperfecto o Futuro	Futuro perfecto o Antefuturo	
amaré	habré	amado
amarás	habrás	amado
amará	habrá	amado
amaremos	habremos	amado
amaréis	habréis	amado
amarán	habrán	amado

Condicional simple o Pospretérito	Condicional compuesto o Antepospretérito	
amaría	habría	amado
amarías	habrías	amado
amaría	habría	amado
amaríamos	habríamos	amado
amaríais	habríais	amado
amarían	habrían	amado

Futuro imperfecto o Futuro*	Futuro perfecto o Antefuturo*	
amare	hubiere	amado
amares	hubieres	amado
amare	hubiere	amado
amáremos	hubiéremos	amado
amareis	hubiereis	amado
amaren	hubieren	amado

* En el español actual no se usan estas formas temporales.

IMPERATIVO

ama

    (ame)*

    (amemos)

amad

    (amen)*

* Dichas formas pertenecen al presente de subjuntivo.

Verbo TEMER

FORMAS NO PERSONALES

Simples			Compuestas	
INFINITIVO:	temer		haber	temido
GERUNDIO:	temiendo		habiendo	temido
PARTICIPIO:	temido			

INDICATIVO

Presente	Pretérito perfecto o Antepresente	
temo	he	temido
temes	has	temido
teme	ha	temido
tememos	hemos	temido
teméis	habéis	temido
temen	han	temido

Pretérito imperfecto o Copretérito	Pretérito pluscuamperfecto o Antecopretérito	
temía	había	temido
temías	habías	temido
temía	había	temido
temíamos	habíamos	temido
temíais	habíais	temido
temían	habían	temido

Pretérito indefinido o Pretérito	Pretérito anterior o Antepretérito	
temí	hube	temido
temiste	hubiste	temido
temió	hubo	temido
temimos	hubimos	temido
temisteis	hubisteis	temido
temieron	hubieron	temido

SUBJUNTIVO

Presente	Pretérito perfecto o Antepresente	
tema	haya	temido
temas	hayas	temido
tema	haya	temido
temamos	hayamos	temido
temáis	hayáis	temido
teman	hayan	temido

Pretérito imperfecto o Copretérito		
temiera	o	temiese
temieras	o	temieses
temiera	o	temiese
temiéramos	o	temiésemos
temierais	o	temieseis
temieran	o	temiesen

Pretérito pluscuamperfecto o Antecopretérito			
hubiera	o	hubiese	temido
hubieras	o	hubieses	temido
hubiera	o	hubiese	temido
hubiéramos	o	hubiésemos	temido
hubierais	o	hubieseis	temido
hubieran	o	hubiesen	temido

Futuro imperfecto o Futuro

temeré	
temerás	
temerá	
temeremos	
temeréis	
temerán	

Futuro perfecto o Antefuturo

habré	temido
habrás	temido
habrá	temido
habremos	temido
habréis	temido
habrán	temido

Condicional simple o Pospretérito

temería
temerías
temería
temeríamos
temeríais
temerían

Condicional compuesto o Antepospretérito

habría	temido
habrías	temido
habría	temido
habríamos	temido
habríais	temido
habrían	temido

Futuro imperfecto o Futuro *

temiere
temieres
temiere
temiéremos
temiereis
temieren

Futuro perfecto o Antefuturo *

hubiere	temido
hubieres	temido
hubiere	temido
hubiéremos	temido
hubiereis	temido
hubieren	temido

* En el español actual no se usan estas formas temporales.

IMPERATIVO

teme

    (tema) *

    (temamos) *

temed

    (teman) *

* Dichas formas pertenecen al presente de subjuntivo.

Verbo VIVIR

FORMAS NO PERSONALES

Simples		Compuestas	
INFINITIVO:	vivir	haber	vivido
GERUNDIO:	viviendo	habiendo	vivido
PARTICIPIO:	vivido		

INDICATIVO

Presente	Pretérito perfecto o Antepresente	
vivo	he	vivido
vives	has	vivido
vive	ha	vivido
vivimos	hemos	vivido
vivís	habéis	vivido
viven	han	vivido

Pretérito imperfecto o Copretérito	Pretérito pluscuamperfecto o Antecopretérito	
vivía	había	vivido
vivías	habías	vivido
vivía	había	vivido
vivíamos	habíamos	vivido
vivíais	habíais	vivido
vivían	habían	vivido

Pretérito indefinido o Pretérito	Pretérito anterior o Antepretérito	
viví	hube	vivido
viviste	hubiste	vivido
vivió	hubo	vivido
vivimos	hubimos	vivido
vivisteis	hubisteis	vivido
vivieron	hubieron	vivido

SUBJUNTIVO

Presente	Pretérito perfecto o Antepresente	
viva	haya	vivido
vivas	hayas	vivido
viva	haya	vivido
vivamos	hayamos	vivido
viváis	hayáis	vivido
vivan	hayan	vivido

Pretérito imperfecto o Copretérito

viviera	o	viviese
vivieras	o	vivieses
viviera	o	viviese
viviéramos	o	viviésemos
vivierais	o	vivieseis
vivieran	o	viviesen

Pretérito pluscuamperfecto o Antecopretérito

hubiera	o	hubiese	vivido
hubieras	o	hubieses	vivido
hubiera	o	hubiese	vivido
hubiéramos	o	hubiésemos	vivido
hubierais	o	hubieseis	vivido
hubieran	o	hubiesen	vivido

Futuro
imperfecto
o Futuro

viviré	
vivirás	
vivirá	
viviremos	
viviréis	
vivirán	

Futuro
perfecto
o Antefuturo

habré	vivido
habrás	vivido
habrá	vivido
habremos	vivido
habréis	vivido
habrán	vivido

Condicional
simple
o Pospretérito

viviría	
vivirías	
viviría	
viviríamos	
viviríais	
vivirían	

Condicional
compuesto
o Antepospretérito

habría	vivido
habrías	vivido
habría	vivido
habríamos	vivido
habríais	vivido
habrían	vivido

Futuro
imperfecto
o Futuro*

viviere	
vivieres	
viviere	
viviéremos	
viviereis	
vivieren	

Futuro
perfecto
o Antefuturo*

hubiere	vivido
hubieres	vivido
hubiere	vivido
hubiéremos	vivido
hubiereis	vivido
hubieren	vivido

* En el español actual no se usan estas formas temporales.

IMPERATIVO

vive
    (viva)*
    (vivamos)*
vivid
    (vivan)*

* Dichas formas pertenecen al presente de subjuntivo.

VERBOS IRREGULARES

INDICATIVO		SUBJUNTIVO		IMPERATIVO

Almorzar

Presente		Presente		
almuerzo		almuerce		
almuerzas		almuerces		almuerza
almuerza		almuerce		almuerce*
almorzamos		almorcemos		almorcemos*
almorzáis		almorcéis		almorzad
almuerzan		almuercen		almuercen*

Andar

Indefinido o Pretérito		Imperfecto o Copretérito		
anduve		anduviera/se		
anduviste		anduvieras/ses		
anduvo		anduviera/se		
anduvimos		anduviéramos/semos		
anduvisteis		anduvierais/seis		
anduvieron		anduvieran/sen		

Caber

Presente	Indefinido o Pretérito	Presente	Imperfecto o Copretérito	
quepo	cupe	quepa	cupiera/se	
cabes	cupiste	quepas	cupieras/ses	cabe
cabe	cupo	quepa	cupiera/se	quepa*
cabemos	cupimos	quepamos	cupiéramos/semos	quepamos*
cabéis	cupisteis	quepáis	cupieseis/seis	cabed
caben	cupieron	quepan	cupieran/sen	quepan*

Futuro	Condicional o Pospretérito			
cabré	cabría			
cabrás	cabrías			
cabrá	cabría			
cabremos	cabríamos			
cabréis	cabríais			
cabrán	cabrían			

* Dichas formas pertenecen al presente de subjuntivo.

INDICATIVO		SUBJUNTIVO		IMPERATIVO

Caer

Presente	Indefinido o Pretérito	Presente	Imperfecto o Copretérito	
caigo	caí	caiga	cayera/se	
caes	caíste	caigas	cayeras/ses	cae
cae	cayó	caiga	cayera/se	caiga*
caemos	caímos	caigamos	cayéramos/semos	caigamos*
caéis	caísteis	caigáis	cayerais/seis	caed
caen	cayeron	caigan	cayeran/sen	caigan*

Concebir

Presente	Indefinido o Pretérito	Presente	Imperfecto o Copretérito	
concibo	concebí	conciba	concibiera/se	
concibes	concebiste	concibas	concibieras/ses	concibe
concibe	concibió	conciba	concibiera/se	conciba*
concebimos	concebimos	concibamos	concibiéramos/semos	concibamos*
concebís	concebisteis	concibáis	concibierais/seis	concebid
conciben	concibieron	conciban	concibieran/sen	conciban*

Concluir

Presente	Indefinido o Pretérito	Presente	Imperfecto o Copretérito	
concluyo	concluí	concluya	concluyera/se	
concluyes	concluiste	concluyas	concluyeras/ses	concluye
concluye	concluyó	concluya	concluyera/se	concluya*
concluimos	concluimos	concluyamos	concluyéramos/semos	concluyamos*
concluís	concluisteis	concluyáis	concluyerais/seis	concluid
concluyen	concluyeron	concluyan	concluyeran/sen	concluyan*

Conocer

Presente		Presente		
conozco		conozca		
conoces		conozcas		conoce
conoce		conozca		conozca*
conocemos		conozcamos		conozcamos*
conocéis		conozcáis		conoced
conocen		conozcan		conozcan*

* Dichas formas pertenecen al presente de subjuntivo.

INDICATIVO		SUBJUNTIVO		IMPERATIVO

Dar

Presente	Indefinido o Pretérito	Presente	Imperfecto o Copretérito	
doy	di	dé	diera/se	
das	diste	des	dieras/ses	da
da	dio	dé	diera/se	dé*
damos	dimos	demos	diéramos/semos	demos*
dais	disteis	deis	dierais/seis	dad
dan	dieron	den	dieran/sen	den*

Dormir

Presente	Indefinido o Pretérito	Presente	Imperfecto o Copretérito	
duermo	dormí	duerma	durmiera/se	
duermes	dormiste	duermas	durmieras/ses	duerme
duerme	durmió	duerma	durmiera/se	duerma*
dormimos	dormimos	durmamos	durmiéramos/semos	durmamos*
dormís	dormisteis	durmáis	durmierais/seis	dormid
duermen	durmieron	duerman	durmieran/sen	duerman*

Entretener

Presente	Indefinido o Pretérito	Presente	Imperfecto o Copretérito	
entretengo	entretuve	entretenga	entretuviera/se	
entretienes	entretuviste	entretengas	entretuvieras/ses	entretén
entretiene	entretuvo	entretenga	entretuviera/se	entretenga*
entretenemos	entretuvimos	entretengamos	entretuviéramos/semos	entretengamos*
entretenéis	entretuvisteis	entretengáis	entretuvierais/seis	entretened
entretienen	entretuvieron	entretengan	entretuvieran/sen	entretengan*

Futuro	Condicional o Pospretérito
entretendré	entretendría
entretendrás	entretendrías
entretendrá	entretendría
entretendremos	entretendríamos
entretendréis	entretendríais
entretendrán	entretendrían

* Dichas formas pertenecen al presente de subjuntivo.

INDICATIVO		SUBJUNTIVO		IMPERATIVO

Extender

Presente		Presente		
extiendo		extienda		
extiendes		extiendas		extiende
extiende		extienda		extienda*
extendemos		extendamos		extendamos*
extendéis		extendáis		extended
extienden		extiendan		extiendan*

Fregar

Presente		Presente		
friego		friegue		
friegas		friegues		friega
friega		friegue		friegue*
fregamos		freguemos		freguemos*
fregáis		freguéis		fregad
friegan		frieguen		frieguen*

Hacer

Presente	Indefinido o Pretérito	Presente	Imperfecto o Copretérito	
hago	hice	haga	hiciera/se	
haces	hiciste	hagas	hicieras/ses	haz
hace	hizo	haga	hiciera/se	haga*
hacemos	hicimos	hagamos	hiciéramos/semos	hagamos*
hacéis	hicisteis	hagáis	hicierais/seis	haced
hacen	hicieron	hagan	hicieran/sen	hagan*

Ir

Presente	Indefinido o Pretérito	Futuro	Imperfecto o Copretérito	Presente
voy	fui	vaya	fuera/se	
vas	fuiste	vayas	fueras/ses	ve
va	fue	vaya	fuera/se	vaya*
vamos	fuimos	vayamos	fuéramos/semos	vayamos*
vais	fuisteis	vayáis	fuerais/seis	id
van	fueron	vayan	fueran/sen	vayan*

* Dichas formas pertenecen al presente de subjuntivo.

INDICATIVO		SUBJUNTIVO		IMPERATIVO
Futuro	**Condicional o Pospretérito**			
iré	iría			
irás	irías			
irá	iría			
iremos	iríamos			
iréis	iríais			
irán	irían			

Jugar

Presente		**Presente**		
juego		juegue		
juegas		juegues		juega
juega		juegue		juegue*
jugamos		juguemos		juguemos*
jugáis		juguéis		jugad
juegan		jueguen		jueguen*

Mentir

Presente	**Indefinido o Pretérito**	**Presente**	**Imperfecto o Copretérito**	
miento	mentí	mienta	mintiera/se	
mientes	mentiste	mientas	mintieras/ses	miente
miente	mintió	mienta	mintiera/se	mienta*
mentimos	mentimos	mintamos	mintiéramos/semos	mintamos*
mentís	mentisteis	mintáis	mintierais/seis	mentid
mienten	mintieron	mientan	mintieran/sen	mientan*

Nacer

Presente		**Presente**		
nazco		nazca		
naces		nazcas		nace
nace		nazca		nazca*
nacemos		nazcamos		nazcamos*
nacéis		nazcáis		naced
nacen		nazcan		nazcan*

* Dichas formas pertenecen al presente de subjuntivo.

INDICATIVO	SUBJUNTIVO	IMPERATIVO

Oír

Presente	Presente	
oigo	oiga	
oyes	oigas	oye
oye	oiga	oiga*
oímos	oigamos	oigamos*
oís	oigáis	oíd
oyen	oigan	oigan*

Oler

Presente	Presente	
huelo	huela	
hueles	huelas	huele
huele	huela	huela*
olemos	olamos	olamos*
oléis	oláis	oled
huelen	huelan	huelan*

Parecer

Presente	Presente	
parezco	parezca	
pareces	parezcas	parece
parece	parezca	parezca*
parecemos	parezcamos	parezcamos*
parecéis	parezcáis	pareced
parecen	parezcan	parezcan*

Perder

Presente	Presente	
pierdo	pierda	
pierdes	pierdas	pierde
pierde	pierda	pierda*
perdemos	perdamos	perdamos*
perdéis	perdáis	perded
pierden	pierdan	pierdan*

* Dichas formas pertenecen al presente de subjuntivo.

INDICATIVO		SUBJUNTIVO		IMPERATIVO

Poder

Presente	Indefinido o Pretérito	Presente	Imperfecto o Copretérito	
puedo	pude	pueda	pudiera/se	
puedes	pudiste	puedas	pudieras/ses	puede
puede	pudo	pueda	pudiera/se	pueda*
podemos	pudimos	podamos	pudiéramos/semos	podamos*
podéis	pudisteis	podáis	pudierais/seis	poded
pueden	pudieron	puedan	pudieran/sen	puedan*

Futuro	Condicional o Copretérito			
podré	podría			
podrás	podrías			
podrá	podría			
podremos	podríamos			
podréis	podríais			
podrán	podrían			

Poner

Presente	Indefinido o Pretérito	Presente	Imperfecto o Copretérito	
pongo	puse	ponga	pusiera/se	
pones	pusiste	pongas	pusieras/ses	pon
pone	puso	ponga	pusiera/se	ponga*
ponemos	pusimos	pongamos	pusiéramos/semos	pongamos*
ponéis	pusisteis	pongáis	pusierais/seis	poned
ponen	pusieron	pongan	pusieran/sen	pongan*

Futuro	Condicional o Copretérito			
pondré	pondría			
pondrás	pondrías			
pondrá	pondría			
pondremos	pondríamos			
pondréis	pondríais			
pondrán	pondrían			

* Dichas formas pertenecen al presente de subjuntivo.

INDICATIVO		SUBJUNTIVO		IMPERATIVO

Probar

Presente		Presente		
pruebo		pruebe		
pruebas		pruebes		prueba
prueba		pruebe		pruebe*
probamos		probemos		probemos*
probáis		probéis		probad
prueban		prueben		prueben*

Producir

Presente	Indefinido o Pretérito	Presente	Imperfecto o Copretérito	
produzco	produje	produzca	produjera/se	
produces	produjiste	produzcas	produjeras/ses	produce
produce	produjo	produzca	produjera/se	produzca*
producimos	produjimos	produzcamos	produjéramos/semos	produzcamos*
producís	produjisteis	produzcáis	produjerais/seis	producid
producen	produjeron	produzcan	produjeran/sen	produzcan*

Querer

Presente	Indefinido o Pretérito	Presente	Imperfecto o Copretérito	Presente de SUBJUNTIVO
quiero	quise	quiera	quisiera/se	
quieres	quisiste	quieras	quisieras/ses	quiere
quiere	quiso	quiera	quisiera/se	quiera*
queremos	quisimos	queramos	quisiéramos/semos	queramos*
queréis	quisisteis	queráis	quisierais/seis	quered
quieren	quisieron	quieran	quisieran/sen	quieran*

Futuro	Condicional o Pospretérito
querré	querría
querrás	querrías
querrá	querría
querremos	querríamos
querréis	querríais
querrán	querrían

* Dichas formas pertenecen al presente de subjuntivo.

INDICATIVO		SUBJUNTIVO		IMPERATIVO

Reír

Presente de INDICATIVO	Indefinido o Pretérito de INDICATIVO	Presente de SUBJUNTIVO	Imperfecto o Copretérito de SUBJUNTIVO	
río	reí	ría	riera/se	
ríes	reíste	rías	rieras/ses	ríe
ríe	rió	ría	riera/se	ría*
reímos	reímos	riamos	riéramos/semos	riamos*
reís	reísteis	riáis	rierais/seis	reíd
ríen	rieron	rían	rieran/sen	rían*

Saber

Presente	Indefinido o Pretérito	Presente	Imperfecto o Copretérito	Presente
sé	supe	sepa	supiera/se	
sabes	supiste	sepas	supieras/ses	sabe
sabe	supo	sepan	supiera/se	sepa*
sabemos	supimos	sepamos	supiéramos/semos	sepamos*
sabéis	supisteis	sepáis	supierais/seis	sabed
saben	supieron	sepan	supieran/sen	sepan*

Futuro	Condicional o Pospretérito			
sabré	sabría			
sabrás	sabrías			
sabrá	sabría			
sabremos	sabríamos			
sabréis	sabríais			
sabrán	sabrían			

Valer

Presente		Presente		
valgo		valga		
vales		valgas		vale
vale		valga		valga*
valemos		valgamos		valgamos*
valéis		valgáis		valed
valen		valgan		valgan*

* Dichas formas pertenecen al presente de subjuntivo.

INDICATIVO		SUBJUNTIVO	IMPERATIVO
Futuro	Condicional o Pospretérito		
valdré	valdría		
valdrás	valdrías		
valdrá	valdría		
valdremos	valdríamos		
valdréis	valdríais		
valdrán	valdrían		

☐ Conjugación del verbo ABOLIR

Indicativo

- Pres.: abolimos, abolís. Las demás personas no se usan.
- Pret. imperf.: abolía, abolías, abolía, abolíamos, abolíais, abolían.
- Pret. indef.: abolí, aboliste, abolió, abolimos, abolisteis, abolieron.
- Fut. imperf.: aboliré, abolirás, abolirá, aboliremos, aboliréis, abolirán.
- Cond. simple: aboliría, abolirías, aboliría, aboliríamos, aboliríais, abolirían.
- Pret. perfecto: he abolido…
- Pret. pluscuamperfecto: había abolido…
- Pret. anterior: hube abolido…
- Futuro perfecto: habré abolido…
- Cond. compuesto: habría abolido…

Subjuntivo

- Pres.: No se usa.
- Pret. imperfecto: aboliera o aboliese, abolieras o -ses, aboliera o -se, aboliéramos o -semos, abolierais o -seis, abolieran o -sen.
- Fut. imperfecto: aboliere, abolieres, aboliere, aboliéremos, aboliereis, abolieren (inusual).
- Pret. perfecto: haya abolido…
- Pret. pluscuamperfecto: hubiera o hubiese abolido…
- Fut. perfecto: hubiere abolido… (inusual).

Imperativo

- Pres.: abolid. Las demás personas no se usan.

Formas no personales

- Infinitivo: abolir/haber abolido.
- Gerundio: aboliendo/habiendo abolido.
- Participio: abolido.

Se conjugan como ABOLIR: aguerrir, arrecir(se), aterir(se), denegrir, desvair, empedernir, guarir, manir, preterir, transgredir.

Conjugación del verbo ACERTAR

Indicativo

- Pres.: acierto, aciertas, acierta, acertamos, acertáis, aciertan.
- Imp.: acertaba, acertabas, acertaba,... acertaban.
- Pret. indef.: acerté, acertaste, acertó, acertamos, acertasteis, acertaron.
- Fut. imperf.: acertaré, acertarás, acertará, acertaremos, acertaréis, acertarán.
- Cond. simple: acertaría, acertarías,... acertarían.

Subjuntivo

- Pres.: acierte, aciertes, acierte, acertemos, acertéis, acierten.
- Pret. imperf.: acertara o acertase, acertaras o acertases..., acertaran o acertasen.
- Fut. imperf.: acertare, acertares,... acertaren (inusual).

Imperativo

- Pres.: acierta, acierte*, acertemos*, acertad, acierten*.

Formas no personales

- Infinitivo: acertar/haber acertado.
- Gerundio: acertando/habiendo acertado.
- Participio: acertado.

Se conjugan como ACERTAR: abnegar, acrecentar, alentar, apacentar, apretar, asentar, aserrar, atravesar, calentar, cerrar, comenzar, concertar, confesar, denegar, desalentar, desasosegar, descerrar, desconcertar, desdentar, desempedrar, desenterrar, desgobernar, deshelar, despertar, desplegar, desterrar, emparentar, empedrar, empezar, encerrar, encomendar, enmendar, ensangrentar, enterrar, escarmentar, fregar, helar, herrar, incensar, invernar, mentar, merendar, negar, pensar, plegar, quebrar, recalentar, recomendar, regar, renegar, replegar, requebrar, restregar, reventar, segar, sembrar, sentar, serrar, sosegar, soterrar, temblar, tentar, tropezar.

---

* Como en los modelos de conjugación, indicamos con asterisco los usos de imperativo que son formas de presente de subjuntivo.

CONJUGACIÓN DEL VERBO ADQUIRIR

Indicativo

- **Pres.:** adquiero, adquieres, adquiere, adquirimos, adquirís, adquieren.

Subjuntivo

- **Pres.:** adquiera, adquieras, adquiera, adquiramos, adquiráis, adquieran.

Imperativo

- **Pres.:** adquiere, adquiera*, adquiramos*, adquirid, adquieran*.

Se conjugan como ADQUIRIR: coadquirir, deferir, perquirir, proferir.

Conjugación del verbo AGRADECER

Indicativo

- Pres.: agradezco, agradeces, agradece, agradecemos, agradecéis, agradecen.
- Pret. imperf.: agradecía, agradecías,... agradecían.
- Pret. indef.: agradecí, agradeciste, agradeció, agradecimos, agradecisteis, agradecieron.
- Fut. imperf.: agradeceré, agradecerás,... agradecerán.
- Cond. simple: agradecería, agradecerías,... agradecerían.

Subjuntivo

- Pres.: agradezca, agradezcas, agradezca, agradezcamos, agradezcáis, agradezcan.
- Pret. imperf.: agradeciera o agradeciese, agradecieras o agradecieses...
- Fut. imperf.: agradeciere, agradecieres... (inusual).

Imperativo

- Pres.: agradece, agradezca*, agradezcamos*, agradeced, agradezcan*.

Formas no personales

- Infinitivo: agradecer/haber agradecido.
- Gerundio: agradeciendo/habiendo agradecido.
- Participio: agradecido.

Se conjugan como AGRADECER: abastecer, ablandecer, aborrecer, adolecer, adormecer, amanecer, amarillecer, anochecer, aparecer, apetecer, atardecer, blanquecer, carecer, compadecer, comparecer, complacer, convalecer, crecer, desabastecer, desagradecer, desaparecer, desconocer, desentumecer, desfallecer, desfavorecer, desflorecer, desguarnecer, desmerecer, desobedecer, desvanecer, embellecer, embrutecer, empequeñecer, empobrecer, enaltecer, enardecer, encanecer, encarecer, endurecer, enflaquecer, enfurecer, engrandecer, enloquecer, enmudecer, ennegrecer, ennoblecer, enorgullecer, enrojecer, entristecer, entumecer, envejecer, envilecer, esclarecer, establecer, fallecer, favorecer, fenecer, florecer, fortalecer, guarecer, humedecer, languidecer, merecer, obedecer, ofrecer, oscurecer, perecer, permanecer, pertenecer, prevalecer, reaparecer, reblandecer, rejuvenecer, resplandecer, restablecer, robustecer, verdecer.

CONJUGACIÓN DEL VERBO CONDUCIR

Indicativo

- **Pres:** conduzco, conduces, conduce, conducimos, conducís, conducen.
- **Pret. indef.:** conduje, condujiste, condujo, condujimos, condujisteis, condujeron.

Subjuntivo

- **Pres.:** conduzca, conduzcas, conduzca, conduzcamos, conduzcáis, conduzcan.
- **Pret. imperf.:** condujera o condujese, condujeras o -ses, condujera o -se, condujéramos o -semos, condujerais o -seis, condujeran o -sen.
- **Fut. imperf.:** condujere, condujeres, condujere, condujéremos, condujereis, condujeren (inusual).

Imperativo

- **Pres.:** conduce, conduzca*, conduzcamos*, conducid, conduzcan*.

Se conjugan como **CONDUCIR:** abducir, aducir, deducir, introducir, producir, reconducir, reducir, reproducir, retraducir, seducir, traducir.

CONJUGACIÓN DEL VERBO CONTAR

Indicativo

- **Pres.:** cuento, cuentas, cuenta, contamos, contáis, cuentan.
- **Pret. imperf.:** contaba, contabas,… contaban.
- **Pret. indef.:** conté, contaste, contó, contamos, contasteis, contaron.
- **Fut. imperf.:** contaré, contarás, contará, contaremos, contaréis, contarán.
- **Cond. simple:** contaría, contarías,… contarían.

Subjuntivo

- **Pres.:** cuente, cuentes, cuente, contemos, contéis, cuenten.
- **Pret. imperf.:** contara o contase, contaras o contases…, contaran o contasen.
- **Fut. imperf.:** contare, contares…, contaren (inusual).

Imperativo

- **Pres.:** cuenta, cuente*, contemos*, contad, cuenten*.

Formas no personales

- **Infinitivo:** contar/haber contado.
- **Gerundio:** contando/habiendo contado.
- **Participio:** contado.

Se conjugan como CONTAR: acollar, acordar, acostar, almorzar, aprobar, asonar, atronar, avergonzar, colgar, comprobar, concordar, consolar, consonar, costar, degollar, demostrar, derrocar, desaprobar, descolgar, desconsolar, descontar, descornar, desolar, desollar, despoblar, disonar, encorvar, ensoñar, forzar, gobernar, poblar, probar, recordar, recostar, reforzar, renovar, repoblar, reprobar, resollar, retostar, revolcar, rodar, rogar, sobrevolar, soltar, soñar, tostar, trastocar, trocar, tronar, volar, volcar.

CONJUGACIÓN DEL VERBO DECIR

Indicativo

- Pres.: digo, dices, dice, decimos, decís, dicen.
- Pret. imperf.: decía, decías, decía, decíamos, decíais, decían.
- Pret. indef.: dije, dijiste, dijo, dijimos, dijisteis, dijeron.
- Fut. imperf.: diré, dirás, dirá, diremos, diréis, dirán.
- Cond. simple: diría, dirías, diría, diríamos, diríais, dirían.

Subjuntivo

- Pres.: diga, digas, diga, digamos, digáis, digan.
- Pret. imperf.: dijera o dijese, dijeras o -ses, dijera o -se, dijéramos o -semos, dijerais o -seis, dijeran o -sen.
- Fut. imperf.: dijere, dijeres, dijere, dijéremos, dijereis, dijeren (inusual).

Imperativo

- Pres.: di, diga*, digamos*, decid, digan*.

Formas no personales

- Infinitivo: decir/haber dicho.
- Gerundio: diciendo/habiendo dicho.
- Participio: dicho.

Se conjugan como DECIR: contradecir(se), desdecirse, entredecir, predecir.

CONJUGACIÓN DEL VERBO ENTENDER

Indicativo

- **Pres.:** entiendo, entiendes, entiende, entendemos, entendéis, entienden.
- **Pret. imperf.:** entendía, entendías,... entendían.
- **Pret. indef.:** entendí, entendiste, entendió, entendimos, entendisteis, entendieron.
- **Fut. imperf.:** entenderé, entenderás, entenderá, entenderemos, entenderéis, entenderán.
- **Cond. simple:** entendería, entenderías,... entenderían.

Subjuntivo

- **Pres.:** entienda, entiendas, entienda, entendamos, entendáis, entiendan.
- **Pret. imperf.:** entendiera o entendiese, entendieras o entendieses,... entendieran o entendiesen...
- **Fut. imperf.:** entendiere, entendieres,... entendieren (inusual).

Imperativo

- **Pres.:** entiende, entienda*, entendamos*, entended, entiendan*.

Formas no personales

- **Infinitivo:** entender/haber entendido.
- **Gerundio:** entendiendo/habiendo entendido.
- **Participio:** entendido.

Se conjugan como ENTENDER: ascender, atender, bienquerer, cerner, condescender, defender, desatender, descender, desentender(se), distender, encender, extender, heder, malentender, perder, reverter, tender, trascender, verter.

Conjugación del verbo HUIR

Indicativo

- **Pres.**: huyo, huyes, huye, huimos, huís, huyen.
- **Pret. imperf.**: huía, huías, huía, huíamos, huíais, huían.
- **Pret. indef.**: huí, huiste, huyó, huimos, huisteis, huyeron.
- **Fut. imperf.**: huiré, huirás, huirá…
- **Cond. simple.**: huiría, huirías…

Subjuntivo

- **Pres.**: huya, huyas, huya, huyamos, huyáis, huyan.
- **Pret. imperf.**: huyera o huyese, huyeras o huyeses…
- **Fut. imperf.**: huyere, huyeres… (inusual).

Imperativo

- **Pres.**: huye, huya*, huyamos*, huid, huyan*.

Formas no personales

- **Infinitivo**: huir/haber huido.
- **Gerundio**: huyendo/habiendo huido.
- **Participio**: huido.

> **Se conjugan como HUIR:** afluir, argüir, atribuir, constituir, confluir, concluir, construir, contribuir, derruir, destituir, destruir, diluir, disminuir, distribuir, excluir, fluir, imbuir, incluir, influir, instituir, instruir, obstruir, prostituir, recluir, reconstituir, retribuir, sustituir.

CONJUGACIÓN DEL VERBO MOVER

Indicativo

- **Pres.:** muevo, mueves, mueve, movemos, movéis, mueven.
- **Pret. imperf.:** movía, movías,… movían.
- **Pret. indef.:** moví, moviste, movió, movimos, movisteis, movieron.
- **Fut. imperf.:** moveré, moverás, moverá, moveremos, moveréis, moverán.
- **Cond. simple:** movería, moverías, movería,… moverían.

Subjuntivo

- **Pres.:** mueva, muevas, mueva, movamos, mováis, muevan.
- **Pret. imperf.:** moviera o moviese, movieras o movieses,… movieran o moviesen.
- **Fut. imperf.:** moviere, movieres,… movieren (inusual).

Imperativo

- **Pres.:** mueve, mueva*, movamos*, moved, muevan*.

Formas no personales

- **Infinitivo:** mover/haber movido.
- **Gerundio:** moviendo/habiendo movido.
- **Participio:** movido.

Se conjugan como MOVER: absolver, cocer, condoler(se), conmover, demoler, desenvolver, devolver, doler, disolver, escocer, llover, moler, oler, promover, recocer, remoler, remorder, resolver, retorcer, revolver, soler, torcer, volver.

Conjugación del verbo MULLIR

Indicativo

- **Pret. indef.:** mullí, mulliste, mulló, mullimos, mullisteis, mulleron.

Subjuntivo

- **Pret. imperf.:** mullera o mullese, mulleras o -ses, mullera o -se, mulléramos o -semos, mullerais o -seis, mulleran o -sen.
- **Fut. imperf.:** mullere, mulleres, mullere, mulléremos, mullereis, mulleren (inusual).

Imperativo

- **Pres.:** mulle, mulla*, mullamos*, mullid, mullan*.

Formas no personales

- **Infinitivo:** mullir/haber mullido.
- **Gerundio:** mullendo/habiendo mullido.
- **Participio:** mullido.

> **Se conjugan como MULLIR:** bullir, bruñir, descabullir(se), engullir, escabullir(se), gruñir, plañir, rebullir, regruñir, salpullir, tullir, zambullir.

CONJUGACIÓN DEL VERBO **PEDIR**

Indicativo

- **Pres.:** pido, pides, pide, pedimos, pedís, piden.
- **Pret. imperf.:** pedía, pedías,... pedían.
- **Pret. indef.:** pedí, pediste, pidió, pedimos, pedisteis, pidieron.
- **Fut. imperf.:** pediré, pedirás, pedirá, pediremos, pediréis, pedirán.
- **Cond. simple:** pediría, pedirías,... pedirían.

Subjuntivo

- **Pres.:** pida, pidas, pida, pidamos, pidáis, pidan.
- **Pret. imperf.:** pidiera o pidiese, pidieras o pidieses,... pidieran o pidiesen.
- **Fut. imperf.:** pidiere, pidieres,... pidieren (inusual).

Imperativo

- **Pres.:** pide, pida*, pidamos*, pedid, pidan*.

Formas no personales

- **Infinitivo:** pedir/haber pedido.
- **Gerundio:** pidiendo/habiendo pedido.
- **Participio:** pedido.

Se conjugan como PEDIR: colegir, comedir(se), competir, concebir, conseguir, derretir, desmedirse, despedir, desvestir, elegir, embestir, envestir, expedir, gemir, henchir, impedir, investir, medir, preconcebir, reelegir, regir, rendir, repetir.

CONJUGACIÓN DEL VERBO SENTIR

Indicativo

- **Pres.:** siento, sientes, siente, sentimos, sentís, sienten.
- **Pret. indef.:** sentí, sentiste, sintió, sentimos, sentisteis, sintieron.

Subjuntivo

- **Pres.:** sienta, sientas, sienta, sintamos, sintáis, sientan.
- **Pret. imperf.:** sintiera o sintiese, sintieras o -ses, sintiera o -se, sintiéramos o -semos, sintierais o -seis, sintieran o -sen.
- **Fut. imperf.:** sintiere, sintieres, sintiere, sintiéremos, sintiereis, sintieren (inusual).

Imperativo

- **Pres.:** siente, sienta*, sintamos*, sentid, sientan*.

Formas no personales

- **Infinitivo:** sentir/haber sentido.
- **Gerundio:** sintiendo/habiendo sentido.
- **Participio:** sentido.

Se conjugan como SENTIR: adherir, advertir, arrepentirse, asentir, cernir, circunferir, conferir, consentir, controvertir, convertir, desconsentir, diferir, digerir, divertir, hendir, hervir, inferir, ingerir, invertir, malherir, mentir, pervertir, preferir, presentir, reconvertir, referir, requerir, resentir(se), revertir, sugerir, subvertir, transferir.

Conjugación del verbo TENER

Indicativo

- **Pres.:** tengo, tienes, tiene, tenemos, tenéis, tienen.
- **Pret. imperf.:** tenía, tenías,... tenían.
- **Pret. indef.:** tuve, tuviste, tuvo, tuvimos, tuvisteis, tuvieron.
- **Fut. imperf.:** tendré, tendrás, tendrá, tendremos, tendréis, tendrán.
- **Cond. simple:** tendría, tendrías,... tendrían.

Subjuntivo

- **Pres.:** tenga, tengas, tenga, tengamos, tengáis, tengan.
- **Pret. imperf.:** tuviera o tuviese, tuvieras o tuvieses,... tuvieran o tuviesen.
- **Fut. imperf.:** tuviere, tuvieres, tuviere,... tuvieren (inusual).

Imperativo

- **Pres.:** ten, tenga*, tengamos*, tened, tengan*.

Formas no personales

- **Infinitivo:** tener/haber tenido.
- **Gerundio:** teniendo/habiendo tenido.
- **Participio:** tenido.

> **Se conjugan como TENER:** abstener(se), atenerse, contener, detener, entretener, mantener, obtener, retener.

▭ Conjugación del verbo **TRAER**

Indicativo

- **Pres.:** traigo, traes, trae, traemos, traéis, traen.
- **Pret. imperf.:** traía, traías,... traían.
- **Fut. imperf.:** traeré, traerás, traerá, traeremos, traeréis, traerán.
- **Cond. simple:** traería, traerías,... traerían.

Subjuntivo

- **Pres.:** traiga, traigas,... traigan.
- **Pret. imperf.:** trajera o trajese, trajeras o trajeses,... trajeran o trajesen.
- **Fut. imperf.:** trajere, trajeres,... trajeren (inusual).

Imperativo

- **Pres.:** trae, traiga*, traigamos*, traed, traigan*.

Formas no personales

- **Infinitivo:** traer/haber traído.
- **Gerundio:** trayendo/habiendo traído.
- **Participio:** traído.

Se conjugan como TRAER: abstraer, atraer, contraer, detraer, distraer, maltraer, retrotraer, sustraer.

CONJUGACIÓN DEL VERBO VENIR

Indicativo

- **Pres.:** vengo, vienes, viene, venimos, venís, vienen.
- **Pret. imperf.:** venía, venías, venía, veníamos, veníais, venían.
- **Pret. indef.:** vine, viniste, vino, vinimos, vinisteis, vinieron.
- **Fut. imperf.:** vendré, vendrás, vendrá, vendremos, vendréis, vendrán.
- **Cond. simple:** vendría, vendrías, vendría, vendríamos, vendríais, vendrían.

Subjuntivo

- **Pres.:** venga, vengas, venga, vengamos, vengáis, vengan.
- **Pret. imperf.:** viniera, o viniese, vinieras o -ses, viniera o -se, viniéramos o -semos, vinierais o -seis, vinieran o -sen.
- **Fut. imperf.:** viniere, vinieres, viniere, viniéremos, viniereis, vinieren (inusual).

Imperativo

- **Pres.:** ven, venga*, vengamos*, venid, vengan*.

Formas no personales

- **Infinitivo:** venir/haber venido.
- **Gerundio:** viniendo/habiendo venido.
- **Participio:** venido.

Se conjugan como VENIR: advenir, avenir(se), contravenir, convenir, desavenir, desconvenir, devenir, prevenir, provenir, reconvenir, subvenir, sobrevenir.

Conjugación del verbo VER

Indicativo

- Pres.: veo, ves, ve, vemos, veis, ven.
- Pret. imperf.: veía, veías, veía, veíamos, veíais, veían.
- Pret. indef.: vi, viste, vio, vimos, visteis, vieron.
- Fut. imperf.: veré, verás, verá, veremos, veréis, verán.
- Cond. simple.: vería, verías, vería, veríamos, veríais, verían.

Subjuntivo

- Pres.: vea, veas, vea, veamos, veáis, vean.
- Pret. imperf.: viera o viese, vieras o -ses, viera o -se, viéramos o –semos, vierais o -seis, vieran o -sen.
- Fut. imperf.: viere, vieres, viere, viéremos, viereis, vieren (inusual).

Imperativo

- Pres.: ve, vea*, veamos*, ved, vean*.

Formas no personales

- Infinitivo: ver/haber visto.
- Gerundio: viendo/habiendo visto.
- Participio: visto.

Se conjugan como VER: antever, entrever, prever, rever.

Verbos impersonales

Los verbos impersonales, referidos casi todos a fenómenos atmosféricos, sólo se usan en las formas simples y compuestas del infinitivo y del gerundio y en las terceras personas del singular de todos los tiempos menos del imperativo. Ejemplo: llover.

Modo indicativo

- Presente: llueve
- Pretérito perfecto o Antepresente: ha llovido
- Pretérito imperfecto o Copretérito: llovía
- Pretérito pluscuamperfecto o Antecopretérito: había llovido
- Pretérito indefinido o Pretérito: llovió
- Pretérito anterior o Antepretérito: hubo llovido
- Futuro imperfecto o Futuro: lloverá
- Futuro perfecto o Antefuturo: habrá llovido
- Condicional simple o Pospretérito: llovería
- Condicional compuesto o Antepospretérito: habría llovido

Modo subjuntivo

- Presente: llueva
- Pretérito perfecto o Antepresente: haya llovido
- Pretérito imperfecto o Copretérito: lloviera o lloviese
- Pretérito pluscuamperfecto o Antecopretérito: hubiera o hubiese llovido
- Futuro imperfecto o Futuro: lloviere (inusual).
- Futuro perfecto o Antefuturo: hubiere llovido (inusual).

Formas no personales

- Infinitivo: simple llover/compuesto haber llovido.
- Participio: llovido.
- Gerundio: simple lloviendo/compuesto habiendo llovido.

> Se usan como impersonales: acaecer, acontecer, alborear, amanecer, anochecer, atañer, atardecer, atenebrarse, atronar, centellear, clarear, clarecer, concernir, coruscar, chaparrear, chispear, deshelar, desnevar, diluviar, escampar, escarchar, granizar, helar, incumbir, lobreguecer, llover, lloviznar, molliznar, molliznear, nevar, neviscar, oscurecer, pesar (tener dolor), relampaguear, retronar, rielar, rutilar, suceder, tardecer, tronar, ventar, ventear, ventisquear.

CONJUGACIÓN PRONOMINAL

Se obtiene añadiendo los pronombres me, te, se, nos, os a las personas y tiempos del verbo.

Modo indicativo

- Presente
  (Yo) me lavo
  (Tú) te lavas
  (Él/ella) se lava
  (Nosotros/as) nos lavamos
  (Vosotros/as) os laváis
  (Ellos/ellas) se lavan

- Pretérito perfecto o Antepresente
  me he lavado
  te has lavado
  se ha lavado
  nos hemos lavado
  os habéis lavado
  se han lavado

- Pretérito imperfecto
  o Copretérito
  (Yo) me lavaba
  (Tú) te lavabas
  (Él/ella) se lavaba
  (Nosotros/as) nos lavábamos
  (Vosotros/as) os lavabais
  (Ellos/ellas) se lavaban

- Pretérito pluscuamperfecto
  o Antecopretérito
  me había lavado
  te habías lavado
  se había lavado
  nos habíamos lavado
  os habíais lavado
  se habían lavado

- Pretérito indefinido o Pretérito
  (Yo) me lavé
  (Tú) te lavaste
  (Él/ella) se lavó
  (Nosotros/as) nos lavamos
  (Vosotros/as) os lavasteis
  (Ellos/ellas) se lavaron

- Pretérito anterior o Antepretérito
  me hube lavado
  te hubiste lavado
  se hubo lavado
  nos hubimos lavado
  os hubisteis lavado
  se hubieron lavado

- Futuro imperfecto o Futuro
  (Yo) me lavaré
  (Tú) te lavarás
  (Él/ella) se lavará
  (Nosotros/as) nos lavaremos
  (Vosotros/as) os lavaréis
  (Ellos/ellas) se lavarán

- Futuro perfecto o Antefuturo
  me habré lavado
  te habrás lavado
  se habrá lavado
  nos habremos lavado
  os habréis lavado
  se habrán lavado

- Condicional simple
  o Pospretérito
  me lavaría
  te lavarías
  se lavaría
  nos lavaríamos
  os lavaríais
  se lavarían

- Condicional compuesto
  o Antepospretérito
  me habría lavado
  te habrías lavado
  se habría lavado
  nos habríamos lavado
  os habríais lavado
  se habrían lavado

Modo subjuntivo

- Presente
  (Yo) me lave
  (Tú) te laves
  (Él/ella) se lave
  (Nosotros/as) nos lavemos
  (Vosotros/as) os lavéis
  (Ellos/ellas) se laven

- Pretérito perfecto o Antepresente
  me haya lavado
  te hayas lavado
  se haya lavado
  nos hayamos lavado
  os hayáis lavado
  se hayan lavado

- Pretérito imperfecto
  o Copretérito
  (Yo) me lavara/me lavase
  (Tú) te lavaras/te lavases
  (Él/ella) se lavara/se lavase
  (Nosotros/as) nos laváramos/
      nos lavásemos
  (Vosotros/as) os lavarais/os lavaseis
  (Ellos/ellas) se lavaran/se lavasen

- Pretérito pluscuamperfecto
  o Antecopretérito
  me hubiera lavado/me hubiese lavado
  te hubieras lavado/te hubieses lavado
  se hubiera lavado/se hubiese lavado
  nos hubiéramos lavado/
      nos hubiésemos lavado
  os hubierais lavado/os hubieseis lavado
  se hubieran lavado/se hubiesen lavado

- Futuro imperfecto o Futuro*
  (Yo) me lavare
  (Tú) te lavares
  (Él/ella) se lavare
  (Nosotros/as) nos laváremos
  (Vosotros/as) os lavareis
  (Ellos/ellas) se lavaren

- Futuro perfecto o Antefuturo*
  me hubiere lavado
  te hubieres lavado
  se hubiere lavado
  nos hubiéremos lavado
  os hubiereis lavado
  se hubieren lavado

Imperativo

- Presente

	lavémonos**
lávate	lavaos
lávese**	lávense**

- Infinitivo: simple lavarse
              compuesto haberse lavado
- Gerundio: simple lavándose
              compuesto habiéndose lavado
- Participio: lavado

* En el español actual, no se usan. **Dichas formas pertenecen al presente de subjuntivo.

95

Conjugación de la voz pasiva

Se obtiene añadiendo el participio pasivo del verbo que se conjuga a cada una de las personas y tiempos del verbo auxiliar ser.

Conjugación del verbo AMAR en la voz pasiva:

Modo indicativo

- **Presente**
  (Yo) soy amado
  (Tú) eres amado
  (Él/ella) es amado
  (Nosotros/as) somos amados
  (Vosotros/as) sois amados
  (Ellos/ellas) son amados

- **Pretérito perfecto o Antepresente**
  he sido amado
  has sido amado
  ha sido amado
  hemos sido amados
  habéis sido amados
  han sido amados

- **Pretérito imperfecto o Copretérito**
  (Yo) era amado
  (Tú) eras amado
  (Él/ella) era amado
  (Nosotros/as) éramos amados
  (Vosotros/as) erais amados
  (Ellos/ellas) eran amados

- **Pretérito pluscuamperfecto o Antecopretérito**
  había sido amado
  habías sido amado
  había sido amado
  habíamos sido amados
  habíais sido amados
  habían sido amados

- **Pretérito indefinido o Pretérito**
  (Yo) fui amado
  (Tú) fuiste amado
  (Él/ella) fue amado
  (Nosotros/as) fuimos amados
  (Vosotros/as) fuisteis amados
  (Ellos/ellas) fueron amados

- **Pretérito anterior o Antepretérito**
  hube sido amado
  hubiste sido amado
  hubo sido amado
  hubimos sido amados
  hubisteis sido amados
  hubieron sido amados

- **Futuro imperfecto o Futuro**
  (Yo) seré amado
  (Tú) serás amado
  (Él/ella) será amado
  (Nosotros/as) seremos amados
  (Vosotros/as) seréis amados
  (Ellos/ellas) serán amados

- **Futuro perfecto o Antefuturo**
  habré sido amado
  habrás sido amado
  habrá sido amado
  habremos sido amados
  habréis sido amados
  habrán sido amados

- Condicional simple
  o Pospretérito
  (Yo) sería amado
  (Tú) serías amado
  (Éll/ella) sería amado
  (Nosotros/as) seríamos amados
  (Vosotros/as) seríais amados
  (Ellos/ellas) serían amados

- Condicional compuesto
  o Antepospretérito
  habría sido amado
  habrías sido amado
  habría sido amado
  habríamos sido amados
  habríais sido amados
  habrían sido amados

Modo subjuntivo

- Presente
  (Yo) sea amado
  (Tú) seas amado
  (Él/ella) sea amado
  (Nosotros/as) seamos amados
  (Vosotros/as) seáis amados
  (Ellos/ellas) sean amados

- Pretérito perfecto o Antepresente
  haya sido amado
  hayas sido amado
  haya sido amado
  hayamos sido amados
  hayáis sido amados
  hayan sido amados

- Pretérito imperfecto
  o Copretérito
  (Yo) fuera o fuese amado
  (Tú) fueras o fueses amado
  (Él/ella) fuera o fuese amado
  (Nosotros/as) fuéramos
    o fuésemos amados
  (Vosotros/as) fuerais
    o fueseis amados
  (Ellos/ellas) fueran
    o fuesen amados

- Pretérito pluscuamperfecto
  o Antecopretérito
  hubiera o hubiese sido amado
  hubieras o hubieses sido amado
  hubiera o hubiese sido amado
  hubiéramos o hubiésemos sido amados

  hubierais o hubieseis sido amados

  hubieran o hubiesen sido amados

- Futuro imperfecto o Futuro*
  (Yo) fuere amado
  (Tú) fueres amado
  (Él/ella) fuere amado
  (Nosotros/as) fuéremos amados
  (Vosotros/as) fuereis amados
  (Ellos/ellas) fueren amados

- Futuro perfecto o Antefuturo*
  hubiere sido amado
  hubieres sido amado
  hubiere sido amado
  hubiéremos sido amados
  hubiereis sido amados
  hubieren sido amados

* En el español actual, no se usan.

Imperativo

- **Presente**
  sé tú amado
  sea él amado*
  seamos nosotros amados*
  sed vosotros amados
  sean ellos amados*

- Infinitivo: simple ser amado /
  compuesto haber sido amado

- Gerundio: simple siendo amado /
  compuesto habiendo
  sido amado

CONJUGACIÓN PERIFRÁSTICA

Se obtiene con la estructura verbal haber de y tener que, usados como auxiliares en sus respectivos tiempos y personas, seguidos del infinitivo del verbo que se conjuga. La forma tener que predomina en todo el ámbito hispano; haber de se siente como expresión más literaria.

Haber de cantar/tener que cantar

Modo indicativo

- **Presente**
  (Yo) he de cantar - (Yo) tengo que cantar
  (Tú) has de cantar - (Tú) tienes que cantar
  (Él/Ella) ha de cantar - (Él/Ella) tiene que cantar
  (Nosotros/as) hemos de cantar - (Nosotros/as) tenemos que cantar
  (Vosotros/as) habéis de cantar - (Vosotros/as) tenéis que cantar
  (Ellos/Ellas) han de cantar - (Ellos/Ellas) tienen que cantar

- **Pretérito imperfecto o Copretérito**
  (Yo) había de (o tenía que) cantar
  (Tú) habías de (o tenías que) cantar
  (Él/Ella) había de (o tenía que) cantar
  (Nosotros/as) habíamos de (o teníamos que) cantar
  (Vosotros/as) habíais de (o teníais que) cantar
  (Ellos/Ellas) habían de (o tenían que) cantar

- **Pretérito indefinido o Pretérito**
  (Yo) hube de (tuve que) cantar
  (Tú) hubiste de (tuviste que) cantar
  (Él/Ella) hubo de (tuvo que) cantar
  (Nosotros/as) hubimos de (tuvimos que) cantar
  (Vosotros/as) hubisteis de (tuvisteis que) cantar
  (Ellos/Ellas) hubieron de (tuvieron que) cantar

- **Futuro imperfecto o Futuro**
  (Yo) habré de (o tendré que) cantar
  (Tú) habrás de (o tendrás que) cantar
  (Él/Ella) habrá de (o tendrá que) cantar
  (Nosotros/as) habremos de (o tendremos que) cantar
  (Vosotros/as) habréis de (o tendréis que) cantar
  (Ellos/Ellas) habrán de (o tendrán que) cantar

- Condicional simple o Pospretérito

  (Yo) habría de (o tendría que) cantar

  (Tú) habrías de (o tendrías que) cantar

  (Él/Ella) habría de (o tendría que) cantar

  (Nosotros/as) habríamos de (o tendríamos que) cantar

  (Vosotros/as) habríais de (o tendríais que) cantar

  (Ellos/Ellas) habrían de (o tendrían que) cantar

Modo subjuntivo

- Presente

  (Yo) haya de (o tenga que) cantar

  (Tú) hayas de (o tengas que) cantar

  (Él/Ella) haya de (o tenga que) cantar

  (Nosotros/as) hayamos de (o tengamos que) cantar

  (Vosotros/as) hayáis de (o tengáis que) cantar

  (Ellos/Ellas) hayan de (o tengan que) cantar

- Pretérito imperfecto o Copretérito

  (Yo) hubiera de (o tuviera que) cantar

  (Tú) hubieras-ieses de (o tuvieras-ieses que) cantar

  (Él/Ella) hubiera-iese de (o tuviera-iese que) cantar

  (Nosotros/as) hubiéramos-iésemos de (o tuviéramos-iésemos que) cantar

  (Vosotros/as) hubierais-ieseis de (o tuvierais-ieseis que) cantar

  (Ellos/Ellas) hubieran-iesen de (o tuvieran-iesen que) cantar

Infinitivo

haber de o tener que cantar

Gerundio

habiendo de o teniendo que cantar

PARTICIPIOS IRREGULARES

Verbos con un solo participio irregular

Abrir	abierto	Poner	puesto
Cubrir	cubierto	Resolver	resuelto
Decir	dicho	Romper	roto
Escribir	escrito	Ver	visto
Hacer	hecho	Volver	vuelto
Morir	muerto		

Verbos con dos participios

Abstraer: abstraído, abstracto
Afligir: afligido, aflicto
Ahitar: ahitado, ahito
Atender: atendido, atento
Bendecir: bendecido, bendito
Circuncidar: circuncidado, circunciso
Compeler: compelido, compulso
Comprender: comprendido, comprenso
Comprimir: comprimido, compreso
Concluir: concluido, concluso
Concretar: concretado, concreto
Confesar: confesado, confeso
Confundir: confundido, confuso
Consumir: consumido, consunto
Contundir: contundido, contuso
Convencer: convencido, convicto
Convertir: convertido, converso
Corregir: corregido, correcto
Corromper: corrompido, corrupto
Despertar: despertado, despierto
Difundir: difundido, difuso
Dividir: dividido, diviso
Elegir: elegido, electo
Enjugar: enjugado, enjuto
Excluir excluido, excluso
Eximir: eximido, exento
Expeler: expelido, expulso
Expresar: expresado, expreso

Extender: extendido, extenso
Extinguir: extinguido, extinto
Fijar: fijado, fijo
Freír: freído, frito
Hartar: hartado, harto
Imprimir: imprimido, impreso
Incluir: incluido, incluso
Incurrir: incurrido, incurso
Ingerir: ingerido, ingerto
Injertar: injertado, injerto
Insertar: insertado, inserto
Invertir: invertido, inverso
Juntar: juntado, junto
Llenar: llenado, lleno
Maldecir: maldecido, maldito
Manifestar: manifestado, manifiesto
Nacer: nacido, nato
Obsesionar: obsesionado, obseso
Oprimir: oprimido, opreso
Pasar: pasado, paso
Poseer: poseído, poseso
Prender: prendido, preso
Presumir: presumido, presunto
Pretender: pretendido, pretenso
Propender: propendido, propenso
Proveer: proveído, provisto
Recluir: recluido, recluso
Salvar: salvado, salvo

Secar: secado, seco
Soltar: soltado, suelto
Sujetar: sujetado, sujeto
Suprimir: suprimido, supreso
Suspender: suspendido, suspenso

Sustituir: sustituido, sustituto
Teñir: teñido, tinto
Torcer: torcido, tuerto
Vencer: vencido, victo

El participio regular normalmente forma los tiempos compuestos del verbo, mientras que el participio irregular se utiliza mayoritariamente como adjetivo.

VERBOS CON CAMBIOS ORTOGRÁFICOS

Primera conjugación

- Los verbos terminados en -car, cambian la c en qu delante de e. Ejemplo: Aplicar

Pretérito indefinido		Presente imperativo		Presente subjuntivo	
apliqué	aplicamos	—	apliquemos*	aplique	apliquemos
aplicaste	aplicasteis	aplica	aplicad	apliques	apliquéis
aplicó	aplicaron	aplique*	apliquen*	aplique	apliquen

- Los terminados en -gar, introducen una u tras la g delante de e. Ejemplo: Fatigar

Pretérito indefinido		Presente imperativo		Presente subjuntivo	
fatigué	fatigamos	—	fatiguemos*	fatigue	fatiguemos
fatigaste	fatigasteis	fatiga	fatigad	fatigues	fatiguéis
fatigó	fatigaron	fatigue*	fatiguen*	fatigue	fatiguen

- Los terminados en -zar, cambian la z en c delante de e. Ejemplo: Trazar

Pretérito indefinido		Presente imperativo		Presente subjuntivo	
tracé	trazamos	—	tracemos*	trace	tracemos
trazaste	trazasteis	traza	trazad	traces	tracéis
trazó	trazaron	trace*	tracen*	trace	tracen

Segunda conjugación

- Los verbos terminados en -cer, cambian la c en z delante de o, a en los tres presentes. Ejemplo: Vencer

Presente indicativo		Presente imperativo		Presente subjuntivo	
venzo	vencemos	—	venzamos*	venza	venzamos
vences	vencéis	vence	venced	venzas	venzáis
vence	vencen	venza*	venzan*	venza	venzan

• Los terminados en -ger, cambian la g en j delante de o, a en los tres presentes. Ejemplo: Coger

Presente indicativo		Presente imperativo		Presente subjuntivo	
cojo	cogemos	—	cojamos*	coja	cojamos
coges	cogéis	coge	coged	cojas	cojáis
coge	cogen	coja*	cojan*	coja	cojan

• Los terminados en -er, convierten la i de algunos tiempos en y. Ejemplo: Leer

Pretérito indefinido indicativo	Pret. imperfecto subjuntivo	Fut. imperfecto subjuntivo (inusual)
leí	leyera-leyese	leyere
leíste	leyeras-leyeses	leyeres
leyó	leyera-leyese	leyere
leímos	leyéramos-leyésemos	leyéremos
leísteis	leyerais-leyeseis	leyereis
leyeron	leyeran-leyesen	leyeren

Gerundio : leyendo

Tercera conjugación

• Los verbos terminados en -cir, cambian la c en z delante de o, a en los tres presentes. Ejemplo: Esparcir

Presente indicativo		Presente imperativo		Presente subjuntivo	
esparzo	esparcimos	—	esparzamos*	esparza	esparzamos
esparces	esparcís	esparce	esparcid	esparzas	esparzáis
esparce	esparcen	esparza*	esparzan*	esparza	esparzan

• Los terminados en -gir, cambian la g en j delante de o, a en los tres presentes. Ejemplo: Dirigir

Presente indicativo		Presente imperativo		Presente subjuntivo	
dirijo	dirigimos	—	dirijamos*	dirija	dirijamos
diriges	dirigís	dirige	dirigid	dirijas	dirijáis
dirige	dirigen	dirija*	dirijan*	dirija	dirijan

- Los terminados en -guir, pierden la u delante de o, a en los tres presentes. Ejemplo: Distinguir

Presente indicativo		Presente imperativo		Presente subjuntivo	
distingo	dintinguimos	—	distingamos*	distinga	distingamos
distingues	distinguís	distingue	distinguid	distingas	distingáis
distingue	distinguen	distinga*	distingan*	distinga	distingan

- Los terminados en -quir, cambian la qu en c delante de o, a en los tres presentes. Ejemplo: Delinquir

Presente indicativo		Presente imperativo		Presente subjuntivo	
delinco	delinquimos	—	delincamos*	delinca	delincamos
delinques	delinquís	delinque	delinquid	delincas	delincáis
delinque	delinquen	delinca*	delincan*	delinca	delincan

Otras irregularidades

c	→	-g	hacer	→	hago/haga
b	→	-y	haber	→	hay/haya
c	→	-zc	parecer	→	parezco/parezca
n	→	-ng	poner	→	pongo/ponga
l	→	-lg	salir	→	salgo/salga
ec	→	-ig	bendecir	→	bendigo/bendiga

* Dichas formas pertenecen al presente de subjuntivo.

Lo presentado en este capítulo se encuentra en ESPAÑOL 2000,

Nivel elemental: págs. 261-267.

Nivel medio: págs. 232-243.

Nivel superior: págs. 226-240.

7. Del verbo: morfemas y significación

EL VERBO

Se denomina conjugación de un verbo al conjunto ordenado de sus formas. Dentro de ellas se incluyen el infinitivo, el gerundio y el participio, que no poseen las desinencias de número y persona.

El verbo español se compone de:

RAÍZ	+	VOCAL TEMÁTICA	+	CARACTERÍSTICAS	+	DESINENCIAS
				morfemas de modo y tiempo		morfemas verbales de número y persona
cant +		a	+	-ba-	+	mos
raíz		vocal temática		características tiempo y modo		desinencia número y persona

Los verbos españoles se clasifican en tres grupos:

1.ª conjugación: acabados en -ar   cantar
2.ª conjugación: acabados en -er   temer
3.ª conjugación: acabados en -ir   partir

La vocal temática de los verbos en -ar es a: hablar, escuchar; la de los verbos en -er es e: beber, comer, y la de los verbos en -ir es i: abrir, escribir.

DESINENCIAS

Las desinencias comprenden los morfemas de número y persona:

SINGULAR		Desinencias generales	Pretérito indefinido	Imperativo
	1.ª	—	—	
	2.ª	-s	-e	vocal
	3.ª	—	—	—

PLURAL		Desinencias generales	Pretérito indefinido	Imperativo
	1.ª	-mos	-mos	—
	2.ª	-is	-is	-d
	3.ª	-n	-n	—

NOTA: Cuando -mos va seguido del pronombre enclítico nos, adopta la forma -mo, es decir, pierde la -s: Démonos prisa.

También es regular la pérdida de la desinencia -d del imperativo ante el pronombre enclítico os:

Sentaos, callaos y estaos quietos.

Se exceptúa el imperativo del verbo «ir»: idos.

Tiempos y modos

La flexión de los verbos españoles presenta formas simples y formas compuestas. Cada una de las formas simples se corresponde con la forma compuesta correspondiente (constituida por la forma simple del verbo haber, seguida del participio del verbo que se conjuga), excepto el imperativo, que sólo presenta formas simples.

La conjugación comprende tres modos verbales: indicativo, subjuntivo e imperativo.

Modo indicativo

Tiempos simples	Tiempos compuestos
Presente	Pretérito perfecto/Antepresente
Pretérito imperfecto/Copretérito	Pretérito pluscuamperfecto/Antecopretérito
Pretérito indefinido/Pretérito	Pretérito anterior/Antepretérito
Futuro simple/Futuro	Futuro compuesto/Antefuturo
Condicional simple/Pospretérito	Condicional compuesto/Antepospretérito

Modo subjuntivo

Tiempos simples	Tiempos compuestos
Presente	Pretérito perfecto/Antepresente
Pretérito imperfecto/Copretérito	Pretérito pluscuamperfecto/Antecopretérito
Futuro simple/Futuro (inusual)	Futuro compuesto/Antefuturo (inusual)

El infinitivo, gerundio y participio, desprovistos de morfemas de persona, presentan formas simples y formas compuestas.

TEMAS Y CARACTERÍSTICAS

Tres son los temas en que se agrupan las formas verbales:

- **Tema de presente:** Presente de indicativo, presente de subjuntivo, pretérito imperfecto de indicativo, imperativo e infinitivo.
- **Tema de perfecto:** Pretérito indefinido, pretérito imperfecto y futuro de subjuntivo.
- **Tema de futuro:** Futuro y condicional.

MATICES TEMPORALES SEGÚN LOS MODOS

Indicativo

	Tiempos imperfectos	Tiempos perfectos
TIEMPOS ABSOLUTOS	Presente Futuro simple	Pret. perfecto Pret. indefinido
TIEMPOS RELATIVOS	Pret. imperfecto Condicional simple	Pret. pluscuamperfecto Pret. anterior Futuro compuesto Condicional compuesto

Subjuntivo

	Tiempos imperfectos	Tiempos perfectos
TIEMPOS RELATIVOS	Presente Pret. imperfecto	Pret. perfecto Pret. pluscuamperfecto

Imperativo

	Tiempo único
TIEMPO ABSOLUTO	Presente

Ejemplos comparados de indicativo y subjuntivo

- INDICATIVO

Presente: Creo que alguien lee en voz alta.

Pretérito indefinido: Todos afirman que Rómulo fundó Roma.

Pretérito imperfecto: Me pareció que cantaban en el salón.

Pretérito perfecto: Se ve que por aquí ha pasado la tropa.

Pretérito pluscuamperfecto: Se notaba que había vivido allí.

Condicional simple: Creían que daría un concierto de piano.

Condicional compuesto: Me figuraba que se lo habrías dicho.

● SUBJUNTIVO

Presente: No creo que alguien lea en voz alta.

Pretérito imperfecto: Todos niegan que Rómulo fundara Roma.

Pretérito imperfecto: No me pareció que cantasen en el salón.

Pretérito perfecto: No se ve que por aquí haya pasado la tropa.

Pretérito pluscuamperfecto: No se notaba que hubiera vivido allí.

Pretérito imperfecto: No creían que diera un concierto de piano.

Pretérito pluscuamperfecto: No me figuraba que se lo hubieras dicho.

VERBOS DE MANDATO, RUEGO, CONSEJO Y PROHIBICIÓN

No	quiero	que juegues al tenis.	Quise	que jugaras /jugases al tenis
	deseo		Deseé	
	te ordeno		Te ordené	
	te aconsejo		Te aconsejé	
	te recomiendo		Te recomendé	
	te pido		Te pedí	
	te ruego		Te rogué	
	te suplico		Te supliqué	
	te prohíbo		Te prohibí	
	te impido		Te impedí	

TENDENCIAS GENERALES EN LA LENGUA ESPAÑOLA

● Decadencia en el uso de la forma -se en favor de -ra, en el imperfecto de subjuntivo.
● Tendencia a la perífrasis voy a + infinitivo en lugar del futuro: cantaré.
● Tendencia al uso reflexivo de los verbos: enfermarse.
● El indefinido ha invadido el espacio del pretérito perfecto.
● Las formas cantare y hubiere cantado han sido desplazadas en el español actual.
● Paulatina reducción de las formas del subjuntivo en favor de las formas del indicativo.
● Había/hubo cantado son completamente intercambiables, ya que es general en el español hablado había cantado por el poco usado de hubo cantado.

> Lo presentado en este capítulo se encuentra en **ESPAÑOL 2000,**
> **Nivel superior:** págs. 195, 196.

8. Del verbo: forma, función y significación

□ EL VERBO *SER*

• Expresa identidad o identifica algo o a alguien:

    —¿Quién **es** usted?   —**Soy** Jesús.
    —¿Qué **es** eso?   —**Es** una corbata.
    —¿Cuál **es** Pedro?   —Pedro **es** el del centro.

• Expresa profesión, actividad o parentesco:

    —¿Qué **es** Carlos?   —**Es** médico.
    —¿Quién **es** tu hermano?   —**Es** el moderador del debate.
    —¿Qué **son** esos dos?   —**Son** primos.

• Expresa nacionalidad, región o religión:

    —¿De dónde **son** esas chicas? —**Son** de Francia.
    —¿De qué región **sois**?   —**Somos** de La Rioja.
    —¿Cuál **es** tu religión?   —Mi religión **es** la evangelista.

• Expresa materia, origen:

    —¿De qué **es** la bandeja?   —**Es** de cristal.
    —¿De dónde **eres**?   —¿Yo? **Soy** de Madrid.

• Expresa posesión o pertenencia:

    —¿De quién **es** el coche?   —**Es** de mi hijo.
    —¿**Es** tuyo este abrigo?   —Sí, **es** mío.

• Expresa tiempo o cantidad:

    —¿Qué hora **es**?   —**Es** la una y cuarto.
    —¿**Es** pronto?   —No; **es** muy tarde.
    —¿**Es** suficiente?   —Sí; yo creo que **es** bastante.

- Expresa número o precio:

  —¿Cuántos **son**?   —**Somos** dos adultos y tres niños.
  —¿Cuánto **es** esto?   —**Son** seiscientos diez euros.

- Expresa impersonalidad:

  —**Es** difícil estudiar con música.
  —**Es** probable que nieve hoy.

- Expresa acción:

  —¿Dónde **es** la fiesta?   —**Es** en el Paraninfo.
  —¿**Es** aquí la conferencia?   —Sí, aquí **es**.

Conjugación

(Yo)	soy	
(Tú)	eres	estudiante/médico/azafata.
(Él/ella)	es	
(Nosotros/as)	somos	
(Vosotros/as)	sois	estudiantes/médicos/azafatas.
(Ellos/ellas)	son	

> Generalmente, el pronombre personal sujeto no acompaña al verbo.

CORTESÍA
(Usted)	es	estudiante/médico/azafata.
(Ustedes)	son	estudiantes/médicos/azafatas.

> Las formas **usted** y **ustedes** suelen acompañar al verbo.

La interrogación y la negación

¿**Es** Carlos abogado?

AFIRMACIÓN: —Sí, (él) **es** abogado.
NEGACIÓN: —No, (él) **no es** abogado.

¿**Está** Carmen con los niños?

AFIRMACIÓN: —Sí, (ella) **está** con ellos.
NEGACIÓN: —No, (ella) **no está** con ellos.

> La negación en español va siempre delante del verbo.

Partículas interrogativas

¿QUÉ?	—¿Qué **es** usted?	—**Soy** estudiante.
	—¿Qué **son** esos?	—**Son** médicos.
	—¿Qué **es** esto?	—**Es** un jardín.
¿CUÁL?	—¿Cuál de esos **es** tu coche?	—**Es** el más sucio.
¿QUIÉN?	—¿Quién **es** esa chica?	—**Es** la directora.
¿QUIÉNES?	—¿Quiénes **son** tus padres?	—**Son** los del fondo.
¿DÓNDE?	—¿Dónde **es** el banquete?	—**Es** arriba.

¿DE DÓNDE?   —¿De dónde **es** el güisqui?   —**Es** de Escocia.
¿CÓMO?   —¿Cómo **es** el profesor?   —**Es** moreno y alto.
                —¿Cómo **es** esta ciudad?   —**Es** grande.

EL VERBO *ESTAR*

- Expresa situación física o temporal:

  —¿Dónde **estás**?   —**Estoy** en el baño.
  —¿A cuántos **estamos**?   —**Estamos** a doce de abril.

- Expresa provisionalidad:

  —**Estamos** en Roma de viaje.
  —Ese vestido no **está** de moda.

- Expresa (con bien, mal, regular, etc.) estado físico o mental:

  —¿Cómo **está** el baile?   —**Está** regular.
  —¿**Estás** bien?   —No; **estoy** fatal.

- Expresa tiempo climatológico:

  —**Está** nublado.
  —No **está** demasiado lluvioso.

- Expresa temporalidad:

  —El acto **está** al comienzo.

- Con gerundio, sirve para construir la conjugación progresiva.

  —¿Qué hace el niño?   —**Está** jugando.

Conjugación

(Yo)	estoy	
(Tú)	estás	enfermo/a.
(Él/ella)	está	
(Nosotros/as)	estamos	
(Vosotros/as)	estáis	enfermos/as.
(Ellos/ellas)	están	

> Generalmente, el pronombre personal sujeto no acompaña al verbo.

CORTESÍA
(Usted)	está	enfermo/a.
(Ustedes)	están	enfermos/as.

> Las formas usted y ustedes suelen acompañar al verbo.

La interrogación y la negación

—¿Está Elena en casa?

    AFIRMACIÓN: —Sí, está con los niños.

    NEGACIÓN: —No, está en la oficina.

—¿Está el coche en el garaje?

    AFIRMACIÓN: —Sí, está.

    NEGACIÓN: —No, no está.

Partículas interrogativas

¿QUÉ?	—¿Qué estás haciendo?	—Estoy leyendo.
	—¿Con qué está Jorge?	—Está con el ordenador.
¿CUÁL?	—¿Cuál está terminado?	—Aquél está casi acabado.
¿QUIÉN?	—¿Quién está primero?	—Está esa señora.
¿QUIÉNES?	—¿Quiénes están en casa?	—Están Andrés y Juan
¿DÓNDE?	—¿Dónde está mi café?	—Está sobre la mesa.
¿CÓMO?	—¿Cómo está el cuadro?	—Está sin enmarcar.

SER/ESTAR

SER

1. Cualidad:

    La mesa es redonda.

    El cielo es azul.

    Juan es alto.

    Carmen es aburrida.

2. Origen, procedencia:

    Yo soy de Zaragoza.

    Esa porcelana es de China.

3. Tiempo:

    Hoy es miércoles, 3 de enero.

    Ahora es primavera.

    Ya es tarde.

4. Posesión, pertenencia:

    Ese coche es de Alberto.

    El libro es del profesor.

5. Profesión:

    Carlos es cirujano.

    ¿Es usted estudiante?

ESTAR

1. Estado físico o anímico:

    La mesa está limpia.

    El cielo está gris.

    Juan está enfermo.

    Carmen está aburrida.

2. Situación, lugar:

    Yo estoy en Zaragoza.

    Esa porcelana está rota.

3. Tiempo:

    Hoy estamos a 3 de enero, miércoles.

    En Argentina están en primavera.

Estructura de ser/estar + adjetivo + preposición

ser		estar	
aficionado a		acostumbrado a	
apreciado por		agradecido por	
bueno para		contento/descontento con	
fácil/difícil de		enfermo de	
famoso por		harto de	
fiel/infiel a		libre de	
igual/parecido a		lleno/vacío de	
malo para		malo de	
pobre en		preocupado por	
posible/imposible de		seguro de	
rico en		triste por	

CONSTRUCCIONES CON EL VERBO *SER*

Ser + sustantivo expresa realidad:

> Alberto es ingeniero.

Ser + de expresa origen o posesión:

> Blas es de La Coruña.
> El coche es de César.

Ser + adverbio expresa temporalidad:

> Es muy temprano.
> Ya es tarde.

Ser + participio corresponde a la formulación de la voz pasiva:

> El dinero es administrado por Damián.

Ser + adjetivo expresa una realidad que tiende hacia el aspecto objetivo:

> Eulogio es alto, moreno...

Ser + adjetivo clasificador expresa nacionalidad, partido político, ideología, religión, clase social:

> Fermín es español, liberal, agnóstico, burgués...

Ser + adjetivo verbal expresa aficiones o características (provienen de derivación verbal):

> Gustavo es emprendedor, dialogante, generoso...

Ser + adjetivo cualitativo expresa cualidad o propiedad intrínseca, como nota definitoria del sujeto (virtudes o vicios, forma física, color...):

> Ignacio es **caritativo, gordo, perezoso, rubio...**

CONSTRUCCIONES CON EL VERBO *ESTAR*

Estar + participio expresa el resultado de una acción. Corresponde a la formulación de la pasiva de estado:

> Javier **está cansado.**
> El problema ya **está resuelto.**

Estar + gerundio expresa una acción en su desarrollo:

> Javier **está tocando** la guitarra.

Estar + adverbio expresa una situación:

> Javier **está bien.**
> Javier **está debajo de** la escalera.

Estar + en expresa ubicación:

> Javier **está en** Talavera.

Estar + de expresa temporalidad, puesto, función:

> Javier **está de** regreso.
> Javier **está de** secretario.
> Javier **está de** titular.

Estar + a expresa localización temporal:

> Estamos **a** primeros de octubre.

Estar + hecho (parecer) adquiere un sentido irónico, admirativo, exclamativo:

> ¡Menudo listo **estás** tú **hecho!**
> ¡**Estás hecho** un artista!
> ¡Este reloj **está hecho** un asco!

Estar + adjetivo calificativo expresa una opinión:

> Javier **está delgado.**

Estar + adjetivos de estado expresa una condición física extrínseca o una situación psíquica:

> Javier **está loco** por Marta / Javier **está sano.**

Estar + adjetivos que expresan relaciones circunstanciales del sustantivo: indican espacio, tiempo, medida, norma, precio:

Los zapatos me **están** grandes.
El estadio **está** alejado.
Dicen que el jamón **está** caro.

EL VERBO *TENER*

Presente de indicativo:

(Yo)	tengo		
(Tú)	tienes		
(Él, ella)	tiene	Cortesía:	
		(Usted)	tiene
(Nosotros/as)	tenemos	(Ustedes)	tienen
(Vosotros/as)	tenéis		
(Ellos/ellas)	tienen		

EL VERBO *HACER*

	calor
	frío
	fresco
Hoy **hace**	sol
	viento
	bueno/buen tiempo
	malo/mal tiempo

EL VERBO *HABER*

	algunas personas
	bastante gente
Aquí **hay**	demasiado ruido
	excesivo humo
	mucha luz
	poco sitio

HAY/ESTÁ(N)

	hay un museo	**está** el museo
	hay una cafetería	**está** la cafetería
Aquí	**hay** mucho dinero	**está** el dinero
Allí	**hay** dos abrigos	**están** vuestros abrigos
Allí	**hay** mucha gente	**está** la gente
	hay muchos niños	**están** tus niños
	hay muchas personas	**están** esas personas

Lo tratado en este capítulo se encuentra en **ESPAÑOL 2000**,
Nivel elemental: págs. 10, 11, 28, 33, 35, 36, 44, 47, 55 y 61.
Nivel medio: págs. 41, 155 y 156.

9. Del verbo: presente del modo indicativo

EL MODO INDICATIVO

En español, la realidad temporal se organiza en torno al pasado, presente y futuro. El tiempo desde el que se subraya esta realidad es el presente, que, a su vez, explica la existencia del pasado y del futuro.

Ayer	← →	Hoy	→	Mañana

PASADO	← →	PRESENTE	→	FUTURO

Los tiempos del indicativo se agrupan en formas simples y compuestas. La denominación de los tiempos simples es: presente, pretérito indefinido (pretérito), pretérito imperfecto (copretérito), futuro imperfecto (futuro) y condicional simple (pospretérito).

Los tiempos compuestos se forman con el correspondiente tiempo simple del verbo auxiliar haber, más el participio pasado del verbo que se conjuga, y son: pretérito perfecto (antepresente), pretérito pluscuamperfecto (antecopretérito), pretérito anterior (antepretérito), futuro perfecto (antefuturo y condicional compuesto (antepospretérito).

CANTAR:

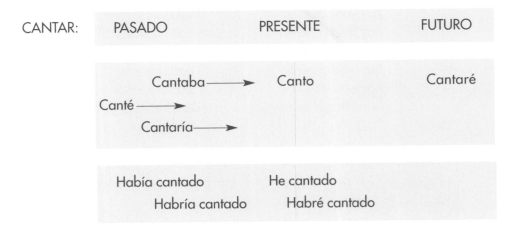

PRESENTE DE LOS VERBOS REGULARES EN -AR

(Yo)	estudi-o	habl-o	doy	-o
(Tú)	estudi-as	habl-as	das	-as
(Él/ella/usted)	estudi-a	habl-a	da	-a
(Nosotros/as)	estudi-amos	habl-amos	damos	-amos
(Vosotros/as)	estudi-áis	habl-áis	dais	-áis
(Ellos/ellas/ustedes)	estudi-an	habl-an	dan	-an

> ayudar, contestar, estudiar, explicar, fumar, ganar, hablar, lavar, mandar, practicar, preguntar.

Verbos en -ar con diptongación

1. e ⇒ ie: 1.ª, 2.ª y 3.ª persona de singular; 3.ª persona de plural.

(Yo)	piens-o
(Tú)	piens-as
(Él/ella/usted)	piens-a
(Nosotros/as)	pens-amos
(Vosotros/as)	pens-áis
(Ellos/ellas/ustedes)	piens-an

> pensar, acertar, atravesar, calentar, comenzar, despertar, empezar, encerrar, gobernar, negar, sentar.

2. o ⇒ ue: 1.ª, 2.ª y 3.ª persona de singular; 3.ª persona de plural.

(Yo)	cuent-o
(Tú)	cuent-as
(Él/ella/usted)	cuent-a
(Nosotros/as)	cont-amos
(Vosotros/as)	cont-áis
(Ellos/ellas/ustedes)	cuent-an

> contar, acordar, acostar, colgar, costar, demostrar, mostrar, recordar, rogar, sonar, volar.

El verbo gustar

(a mí)	me		
(a ti)	te		el teatro
(a él/ella/usted)	le		
(a nosotros/as)	nos	gusta(n)	
(a vosotros/as)	os		
(a ellos/ellas/ustedes)	les		los animales

Presente de los verbos regulares en -ER

(Yo)	aprend-o	le-o	v-eo	-o
(Tú)	aprend-es	le-es	v-es	-es
(Él/ella/usted)	aprend-e	le-e	v-e	-e
(Nosotros/as)	aprend-emos	le-emos	v-emos	-emos
(Vosotros/as)	aprend-éis	le-éis	v-éis	-éis
(Ellos/ellas/ustedes)	aprend-en	le-en	v-en	-en

> aprender, beber, comer, comprender, correr, esconder, leer, ver, vender.

Verbos en -er con diptongación

1. e ⇒ ie: 1.ª, 2.ª y 3.ª persona de singular; 3.ª persona de plural.

(Yo)	quier-o	
(Tú)	quier-es	
(Él/ella/usted)	quier-e	defender, encender,
(Nosotros/as)	quer-emos	entender, perder,
(Vosotros/as)	quer-éis	querer, tender.
(Ellos/ellas/ustedes)	quier-en	

2. o ⇒ ue: 1.ª, 2.ª y 3.ª persona de singular; 3.ª persona de plural.

(Yo)	vuelv-o	
(Tú)	vuelv-es	
(Él/ella/usted)	vuelv-e	devolver, doler, envolver,
(Nosotros/as)	volv-emos	morder, oler, poder, soler,
(Vosotros/as)	volv-éis	volver.
(Ellos/ellas/ustedes)	vuelv-en	

Verbos en -er irregulares

	HACER	PONER	TENER	TRAER	SABER
(Yo)	hago	pongo	tengo	traigo	sé
(Tú)	haces	pones	tienes	traes	sabes
(Él/ella/usted)	hace	pone	tiene	trae	sabe
(Nosotros/as)	hacemos	ponemos	tenemos	traemos	sabemos
(Vosotros/as)	hacéis	ponéis	tenéis	traéis	sabéis
(Ellos/ellas/ustedes)	hacen	ponen	tienen	traen	saben

■ Verbos irregulares: c ⇒ zc (1.ª persona singular)

(Yo)	conozco
(Tú)	conoces
(Él/ella/usted)	conoce
(Nosotros/as)	conocemos
(Vosotros/as)	conocéis
(Ellos/ellas/ustedes)	conocen

> conocer, crecer, conducir, introducir, obedecer, ofrecer, producir, traducir.

Presente de los verbos regulares en -IR

(Yo)	abr-o	escrib-o	viv-o	-o
(Tú)	abr-es	escrib-es	viv-es	-es
(Él/ella/usted)	abr-e	escrib-e	viv-e	-e
(Nosotros/as)	abr-imos	escrib-imos	viv-imos	-imos
(Vosotros/as)	abr-ís	escrib-ís	viv-ís	-ís
(Ellos/ellas/ustedes)	abr-en	escrib-en	viv-en	-en

> abrir, cubrir, escribir, partir, recibir, subir, vivir.

■ Verbos en -ir con cambio vocálico

1. e ⇒ i: 1.ª, 2.ª y 3.ª persona de singular; 3.ª persona de plural.

(Yo)	despid-o
(Tú)	despid-es
(Él/ella/usted)	despid-e
(Nosotros/as)	desped-imos
(Vosotros/as)	desped-ís
(Ellos/ellas/ustedes)	despid-en

> corregir, despedir, medir, pedir, repetir, reír, servir, vestir.

2. e ⇒ ie: 1.ª, 2.ª y 3.ª persona de singular; 3.ª persona de plural.

(Yo)	adviert-o
(Tú)	adviert-es
(Él/ella/usted)	adviert-e
(Nosotros/as)	advert-imos
(Vosotros/as)	advert-ís
(Ellos/ellas/ustedes)	adviert-en

> advertir, consentir, convertir, divertir, preferir, resentir, revertir, sentir.

3. o ⇒ ue: 1.ª, 2.ª y 3.ª persona de singular; 3.ª persona de plural.

(Yo)	duerm-o	muer-o
(Tú)	duerm-es	muer-es
(Él/ella/usted)	duerm-e	muer-e
(Nosotros/as)	dorm-imos	mor-imos
(Vosotros/as)	dorm-ís	mor-ís
(Ellos/ellas/ustedes)	duerm-en	muer-en

Verbos en -ir irregulares

	IR	OÍR	SALIR	VENIR	DECIR
(Yo)	voy	oigo	salgo	vengo	digo
(Tú)	vas	oyes	sales	vienes	dices
(Él/ella/usted)	va	oye	sale	viene	dice
(Nosotros/as)	vamos	oímos	salimos	venimos	decimos
(Vosotros/as)	vais	oís	salís	venís	decís
(Ellos/ellas/ustedes)	van	oyen	salen	vienen	dicen

NOTA: ir + a   salir + de   venir + de
          Voy a casa.   Salgo de casa.   Vengo de casa.

USOS DEL PRESENTE

Con el modo indicativo expresamos hechos, bien afirmando, negando o preguntando, que ocurren, han ocurrido u ocurrirán en la realidad. La acción del verbo es real y no existe intervención subjetiva del hablante.

Presente: expresa un amplio intervalo de tiempo que precede y sigue al instante mismo del acto verbal. Es un tiempo absoluto e imperfecto, que denota coincidencia de la acción con el momento en que se habla:

Ahora estudio por las mañanas.

Aparece con los adverbios ahora, hoy y con las expresiones en este día, esta mañana, esta semana, este año, normalmente…:

Este mes trabajamos por las mañanas.

• Presente actual: expresa la acción en relación con el momento de la palabra:

Desde que te conozco, hablamos de lo mismo.

• Presente habitual: expresa la acción como usual y acostumbrada:

Por las noches, ando siempre de discoteca en discoteca.

- **Presente gnómico**: expresa máximas, definiciones, refranes, aforismos, etc., con validez fuera de todo límite temporal:

  La Tierra es redonda.
  Más vale pájaro en mano, que ciento volando.

- **Presente por pasado**: expresa actualización y mayor viveza de una acción pasada al acercar ficticiamente el tiempo pasado al actual. Se le denomina «presente histórico»:

  Carlos I reina en 1530.
  Colón descubre América en 1492.

- **Presente de conato**: expresa acción situada en el pasado que no llega a realizarse. Va precedido de las locuciones adverbiales: por poco, a poco más, a poco, casi:

  Por poco me caigo.

- **Presente por futuro**: expresa acción ampliada, con el fin de conseguir un acercamiento psíquico:

  Mañana voy al campo a descansar.

- En las expresiones interrogativas, cuando se pregunta por órdenes, decisiones, etc., que se han de realizar después, se emplea el presente con valor de futuro:

  ¿Qué hacemos ahora?

- Expresa, con valor de mandato, situaciones no comenzadas que han de cumplirse en el futuro. Sustituye al imperativo:

  ¡Tú te callas!

- Se emplea, para expresar futuro, en la prótasis condicional:

  Si quieres, toma mi coche.

- En las oraciones condicionales, el presente de indicativo sustituye obligatoriamente al futuro en la oración subordinada. En la principal, en cambio, la sustitución es potestativa:

  Si te vas, me marcho (me marcharé) contigo.

Lo tratado en este capítulo se encuentra en ESPAÑOL 2000,
Nivel elemental: págs. 67, 69, 76, 77, 86, 87, 91 y 97.
Nivel medio: pág. 182.

10. Del verbo: pasados y futuros del modo indicativo

EL PRETÉRITO IMPERFECTO

Expresa: acción pasada e imperfecta cuyo principio y cuyo fin no nos interesan:

> Cantaba extraordinariamente bien.
> En aquel momento no estaba en casa.
> Veníamos por el centro de la calle.

- Acción habitual y repetida en el pasado. Para ello puede ir acompañado de expresiones temporales: entonces, diariamente, en aquella época…

> Tenía entonces la manía de los aviones.
> Leías diariamente toda la prensa.
> En aquel verano pescabas todas las tardes.

- Acción en desarrollo:

> Teníamos entonces veinte años.

Verbos regulares en -ar, -er, -ir

	JUGAR	COMER	VIVIR
(Yo)	jug-aba	com-ía	viv-ía
(Tú)	jug-abas	com-ías	viv-ías
(Él/ella/usted)	jug-aba	com-ía	viv-ía
(Nosotros/as)	jug-ábamos	com-íamos	viv-íamos
(Vosotros/as)	jug-abais	com-íais	viv-íais
(Ellos/ellas/ustedes)	jug-aban	com-ían	viv-ían

Verbos irregulares

	IR	SER
(Yo)	ib-a	er-a
(Tú)	ib-as	er-as
(Él/ella/usted)	ib-a	er-a

(Nosotros/as)	íb-amos	ér-amos
(Vosotros/as)	ib-ais	er-ais
(Ellos/ellas/ustedes)	ib-an	er-an

Recuerde: Ahora… hay
Antes… había

Usos del pretérito imperfecto

Expresa una acción pasada inacabada. No señala ni el principio ni el fin de la acción.

- Imperfecto descriptivo: dado su carácter durativo, presenta rasgos ambientales, paisajes…

  El pueblo **estaba** situado en lo alto de la colina, **era** pequeño y **blanqueaba** en todos sus rincones.

- Expresa una acción simultánea a otra:

  Escuchaba música mientras **veía** la televisión.

- Expresa una acción continua cuando se realiza otra:

  Llovía cuando **llegaron**.

- Imperfecto de cortesía, tiene un marcado valor de presente:

  Quería preguntar si…
  ¿Qué **quería** usted?

- Imperfecto de conato, cuando se desplaza hacia el futuro:

  En este momento, **salía** para Barcelona.

Usos más comunes

- Acción contemplada como durativa:

  Cuando **éramos** jóvenes, sólo **queríamos** pasarlo bien.

- Acciones repetitivas en el pasado:

  Por las mañanas **iba** a una academia de idiomas.

- Descripciones en el pasado:

  Mi abuelo **tenía** el pelo blanco y **estaba** siempre de buen humor.

EL PRETÉRITO INDEFINIDO

Expresa la acción verbal como una unidad en el pasado. Es un tiempo pasado, absoluto y perfecto. No presta especial atención al inicio, al desarrollo ni a la culminación de la acción. Es el tiempo de la narración de lo acontecido en el pasado.

Lo característico de este tiempo es el punto o momento del pasado en que se consuma la perfección del acto.

El pretérito indefinido expresa:

- Acciones ocurridas en el pasado.

- Acciones no relacionadas con el presente.

- Acciones limitadas y cerradas en sí mismas:

  Antonio habló durante cinco minutos.
  Antonio habló a las seis.

La significación perfectiva y absoluta le confiere al pretérito indefinido un sentido implícito de negación:

  Pensé que me habías olvidado.

Verbos regulares en -ar, -er, -ir

	LLAMAR	COMER	SALIR
(Yo)	llam-é	com-í	sal-í
(Tú)	llam-aste	com-iste	sal-iste
(Él/ella/usted)	llam-ó	com-ió	sal-ió
(Nosotros/as)	llam-amos	com-imos	sal-imos
(Vosotros/as)	llam-asteis	com-isteis	sal-isteis
(Ellos/ellas/ustedes)	llam-aron	com-ieron	sal-ieron

Verbos irregulares

	DAR	DECIR	ESTAR	IR/SER
(Yo)	di	dije	estuve	fui
(Tú)	diste	dijiste	estuviste	fuiste
(Él/ella/usted)	dio	dijo	estuvo	fue
(Nosotros/as)	dimos	dijimos	estuvimos	fuimos
(Vosotros/as)	disteis	dijisteis	estuvisteis	fuisteis
(Ellos/ellas/ustedes)	dieron	dijeron	estuvieron	fueron

	PODER	PONER	TENER	VENIR
(Yo)	pude	puse	tuve	vine
(Tú)	pudiste	pusiste	tuviste	viniste
(Él/ella/usted)	pudo	puso	tuvo	vino
(Nosotros/as)	pudimos	pusimos	tuvimos	vinimos
(Vosotros/as)	pudisteis	pusisteis	tuvisteis	vinisteis
(Ellos/ellas/ustedes)	pudieron	pusieron	tuvieron	vinieron

Pretéritos indefinidos irregulares

PRETÉRITOS FUERTES CON i

convenir: convine
hacer: hice
querer: quise
venir: vine

PRETÉRITOS FUERTES CON j

conducir: conduje
decir: dije
producir: produje
reducir: reduje
traer: traje

PRETÉRITOS FUERTES CON u

andar: anduve
caber: cupe
estar: estuve
haber: hube
poder: pude
poner: puse
saber: supe
tener: tuve

Pretérito indefinido con cambio vocálico

1. e ⇒ i, excepto delante de í tónica:

ped-í	-í
ped-iste	-iste
pid-ió	-ió
ped-imos	-imos
ped-isteis	-isteis
pid-ieron	-ieron

corregir, elegir, impedir, medir, repetir, servir, seguir, vestir.

2. o ⇒ u, excepto delante de í tónica:

dorm-í	-í
dorm-iste	-iste
durm-ió	-ió
dorm-imos	-imos
dorm-isteis	-isteis
durm-ieron	-ieron

dormir, morir.

Verbos con vocal al final del radical

Toman y, excepto delante de í tónica:

le-í	cre-í	-í	
le-íste	cre-íste	-íste	caer, creer, construir, contribuir, destruir, leer, incluir, oír.
ley-ó	crey-ó	-ó	
le-ímos	cre-ímos	-ímos	
le-ísteis	cre-ísteis	-ísteis	
ley-eron	crey-eron	-eron	

Formas irregulares:

Andar: anduve, anduviste, anduvo, anduvimos, anduvisteis, anduvieron.
Caber: cupe, cupiste, cupo, cupimos, cupisteis, cupieron.
Conducir: conduje, condujiste, condujo, condujimos, condujisteis, condujeron.
Decir: dije, dijiste, dijo, dijimos, dijisteis, dijeron.
Estar: estuve, estuviste, estuvo, estuvimos, estuvisteis, estuvieron.
Haber: hube, hubiste, hubo, hubimos, hubisteis, hubieron.
Hacer: hice, hiciste, hizo, hicimos, hicisteis, hicieron.
Ir/Ser: fui, fuiste, fue, fuimos, fuisteis, fueron.
Poder: pude, pudiste, pudo, pudimos, pudisteis, pudieron.
Poner: puse, pusiste, puso, pusimos, pusisteis, pusieron.
Querer: quise, quisiste, quiso, quisimos, quisisteis, quisieron.
Traer: traje, trajiste, trajo, trajimos, trajisteis, trajeron.
Tener: tuve, tuviste, tuvo, tuvimos, tuvisteis, tuvieron.
Venir: vine, viniste, vino, vinimos, vinisteis, vinieron.

> NOTA: Debe huirse de la incorrección, muy extendida, consistente en añadir una s a la segunda persona de singular:
>
> *estuvistes, hicistes, oístes.

Usos del pretérito indefinido

Se utiliza para expresar:

- Acción cerrada:

    Cuando **terminó** la televisión, nos **fuimos** a dormir.

- Acción única en el pasado:

    A Carmen la **conocí** en una discoteca.

- Puede ir acompañado de adverbios o locuciones temporales (ayer, ayer tarde, anoche, el mes pasado…):

    El verano pasado **hizo** menos calor que éste.

Usos de los tiempos imperfecto/indefinido

Imperfecto:

- Acción durativa (contemplada como durativa):

    De pequeño sólo **pensaba** en jugar.

- Acciones repetitivas en el pasado:

    Se **levantaba** todos los días a las ocho, **desayunaba** y se **iba**.

- Descripciones en el pasado:

    Mi abuelo **era** alto, delgado y calvo.

Indefinido:

- Acción cerrada (contemplada como concluida en el pasado):

    Al terminar me **fui** a casa.

- Acción única en el pasado:

    Mi abuela **murió** en 1958.

Usos de los tiempos indefinido/perfecto

Indefinido:

- Expresa acciones concluidas en el pasado, que está separado del presente:

    Ayer **estuve** en el teatro.
    La semana pasada **tuve** mucho trabajo.
    Anoche **llovió** mucho.
    Anteanoche **hizo** mucho calor.
    Ayer tarde **salió** en avión.

Perfecto:

- Expresa acciones concluidas en el pasado, que se prolongan hasta el presente:

    Hoy **he estado** en el teatro.
    Esta semana **he tenido** mucho trabajo.
    Esta noche **ha llovido** mucho.
    Hasta el momento, no **hemos recibido** contestación.
    La fiesta **ha terminado** ahora mismo.

LA CONJUNCIÓN *CUANDO*: IMPERFECTO-INDEFINIDO

Imperfecto:

- Acción pasada contemplada como durativa, sin especificar principio ni fin de la acción:

  Cuando **era** joven, sólo **pensaba** en divertirme.

Indefinido:

- Acción pasada contemplada como realizada en un punto determinado del pasado:

  Cuando **terminé** el trabajo, me **fui** a casa.

EL FUTURO IMPERFECTO

- Expresa acción venidera y absoluta, independiente de cualquier otra:

  El coche **llegará** en su momento.

- Entre sus valores, destacan los de duración, puntualidad, imperatividad, cortesía y probabilidad:

  Jamás se **lanzará** en paracaídas.
  El jueves se **levantará** a las siete.
  Amarás a Dios sobre todas las cosas.
  ¿Me **adelantará** los gastos?
  Esta casa **valdrá** muchos millones.

Verbos regulares en *-ar, -er, -ir*

	COMPRAR	SER	IR	
(Yo)	comprar-é	ser-é	ir-é	-é
(Tú)	comprar-ás	ser-ás	ir-ás	-ás
(Él/ella/usted)	comprar-á	ser-á	ir-á	-á
(Nosotros/as)	comprar-emos	ser-emos	ir-emos	-emos
(Vosotros/as)	comprar-éis	ser-éis	ir-éis	-éis
(Ellos/ellas/ustedes)	comprar-án	ser-án	ir-án	-án

Verbos irregulares en -ar, -er, -ir

	HACER	DECIR	VENIR	TENER
(Yo)	har-é	dir-é	vendr-é	tendr-é
(Tú)	har-ás	dir-ás	vendr-ás	tendr-ás
(Él/ella/usted)	har-á	dir-á	vendr-á	tendr-á
(Nosotros/as)	har-emos	dir-emos	vendr-emos	tendr-emos
(Vosotros/as)	har-éis	dir-éis	vendr-éis	tendr-éis
(Ellos/ellas/ustedes)	har-án	dir-án	vendr-án	tendr-án

Verbos irregulares

caber: cabr-	querer: querr-	-é
decir: dir-	saber: sabr-	-ás
haber: habr-	salir: saldr-	-á
hacer: har-	tener: tendr-	-emos
poder: podr-	valer: valdr-	-éis
poner: pondr-	venir: vendr-	-án

(+)

Usos del futuro imperfecto

- Expresa una acción futura independiente de cualquier otra:

  Mañana iré al cine con Matilde.

- En la segunda persona puede sustituir al imperativo, con valor modal obligatorio:

  No matarás.

  ¡Harás lo que te ordene!

- Expresa probabilidad cuando se emplea en relación con el presente y le acompaña la interrogación:

  ¿Podrá darme hora para las cinco?

- Se utiliza en perífrasis que pueden suplir al futuro y que, a la vez, añaden matizaciones modales: Haber de + infinitivo; deber + infinito; ir a + infinitivo:

  Habremos de madrugar para llegar al tren.
  Deberemos estar allí a las ocho.
  Iréis a verle en cuanto lleguéis.

- Puede combinarse con adverbios (mañana, pasado mañana…) y expresiones (en el futuro, el año que viene, el próximo mes…):

  El próximo día que nos veamos iremos al rastro.

PRESENTE/FUTURO IMPERFECTO

- El presente se utiliza para hablar de una acción futura cuando se pretende un mayor interés y un mayor grado de participación:

  Mañana nos **vamos** a Santander.
  Seguramente **está** ahora en casa.

- El futuro se emplea para expresar una probabilidad en un tiempo presente:

  Seguramente **estará** ahora en casa.

EL CONDICIONAL SIMPLE

Por su carácter de futuro, es un futuro del pasado: la acción que expresa es siempre eventual o hipotética, se refiere a una acción futura en relación con el pasado:

Me ha asegurado que **vendría** mañana.
Habría en el estadio unas veinte mil personas.

Verbos regulares en -ar, -er, -ir

El condicional simple se forma con el radical del futuro (que es la forma del infinitivo) + las desinencias ía, ías, ía, íamos, íais, ían.

	COMPRAR	SER	IR	
(Yo)	comprar-ía	ser-ía	ir-ía	-ía
(Tú)	comprar-ías	ser-ías	ir-ías	-ías
(Él/ella/usted)	comprar-ía	ser-ía	ir-ía	-ía
(Nosotros/as)	comprar-íamos	ser-íamos	ir-íamos	-íamos
(Vosotros/as)	comprar-íais	ser-íais	ir-íais	-íais
(Ellos/ellas/ustedes)	comprar-ían	ser-ían	ir-ían	-ían

Verbos irregulares

caber: cabr-	poner: pondr-		-ía
decir: dir-	querer: querr-		-ías
haber: habr-	tener: tendr-	+	-ía
hacer: har-	valer: valdr-		-íamos
poder: podr-	ir: vendr-		-íais
			-ían

Usos del condicional simple

Se trata de un tiempo relativo, ya que su presencia implica siempre la aparición de un tiempo pasado:

- Expresa acciones originadas en el pasado, pero orientadas hacia el futuro. Es el futuro del pasado:

  Aseguraron que estudiarían el asunto.

- Expresa probabilidad referida al pasado:

  Serían las once cuando llegaron a casa.

- Expresa cortesía referido al presente:

  ¿Tendría una habitación doble con baño?

El condicional es tiempo empleado, como su nombre indica, en la apódosis de las oraciones condicionales. En ellas, la indicación del tiempo que se expresa depende de la estructura oracional:

  Si Juan se dedicara a los negocios, ya sería millonario.
  Si Pedro se hubiera dedicado a los negocios, hoy sería millonario.

Lo tratado en este capítulo se encuentra en ESPAÑOL 2000,
Nivel elemental: págs. 155, 162, 169, 180, 182, 183, 214, 215, 217, 229, 230 y 239.
Nivel medio: págs. 12, 13, 49, 183 y 189.

11. Del verbo: tiempos compuestos del modo indicativo

Tiempos compuestos del indicativo

El pretérito perfecto indica acción pasada y perfecta, aunque guarda relación con el presente:

Este mes he ahorrado poco.

Se emplea también para expresar acciones alejadas del presente, pero cuyas consecuencias duran todavía:

Mis padres han hecho mucho por mí.

El pretérito pluscuamperfecto expresa una acción pasada y perfecta, anterior a otra acción también pasada:

Cuando tú llegaste, ya había salido de viaje.

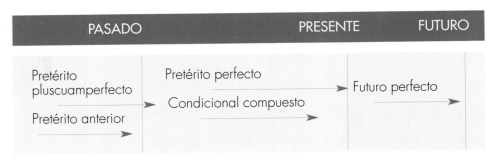

PASADO	PRESENTE	FUTURO
Pretérito pluscuamperfecto	Pretérito perfecto	Futuro perfecto
Pretérito anterior	Condicional compuesto	

El pretérito anterior indica acción pasada inmediatamente anterior a otra acción también pasada:

Cuando hubo acabado, pidió la cuenta.

El futuro perfecto es un tiempo perfecto y relativo, que expresa acción venidera anterior a otra también venidera:

Cuando llames, ya habré resuelto el problema.

El Condicional compuesto indica futuro en el pasado, pero enuncia el hecho como terminado o perfecto:

> El profesor dijo que, para el verano, ya **habría acabado** el libro.

PRETÉRITO PERFECTO: FORMACIÓN Y USOS

Este tiempo se forma con el presente del verbo haber y el participio de perfecto del verbo conjugado:

(Yo)	he			
(Tú)	has			
(Él/ella/usted)	ha	cantado	perdido	salido
(Nosotros/as)	hemos			
(Vosotros/as)	habéis			
(Ellos/ellas/ustedes)	han			

Hoy por la mañana, tarde, noche...
Esta mañana, tarde, noche...   + pretérito perfecto: He estudiado mucho.
Este mes, fin de semana, curso...

Aún
Todavía   + pretérito perfecto:
Ya

—¿Ha salido el tren?
—No, aún no ha salido.
—No, todavía no ha salido.
—Sí, ya ha salido.

Usos del perfecto

a. Acción acabada en un pasado asociado al presente:

> Hoy **ha llovido** torrencialmente.

b. Se usa con las expresiones temporales: hoy, hasta ahora, esta mañana, esta semana, este mes, por el momento...

> Esta mañana **he estado** en el Rastro.
> Por el momento no **han aparecido**.

ESTAR + PARTICIPIO DE PERFECTO

Estar		La puerta **está cerrada**.
Quedar	+ Participio de perfecto:	La puerta **queda** bien cerrada.
Seguir		La puerta **sigue cerrada**.
Tener		La casa **tiene cerrada** la puerta.

En estas construcciones el participio de perfecto concuerda con el sustantivo en género y número:

El coche **está aparcado**.   Los coches **están aparcados**.
Tengo una costilla **rota**.   **Tengo** tres costillas **rotas**.

PRETÉRITO PLUSCUAMPERFECTO: FORMACIÓN Y USOS

Este tiempo se forma con el pretérito imperfecto del verbo haber y el participio de perfecto del verbo conjugado:

(Yo)	había			
(Tú)	habías			
(Él/ella/usted)	había			
(Nosotros/as)	habíamos	cantado	perdido	salido
(Vosotros/as)	habíais			
(Ellos/ellas/ustedes)	habían			

Usos

a. Expresa acción pasada, acabada en un momento dado del pasado:
Cuando le hospitalizaron, ya **había perdido** mucha sangre.

b. Con él podemos reproducir en estilo indirecto lo dicho en el pasado:
El niño me dijo que **había terminado** los deberes.

FUTURO PERFECTO: FORMACIÓN Y USOS

Se forma con el futuro imperfecto del verbo haber y el participio de perfecto del verbo conjugado:

(Yo)	habré			
(Tú)	habrás			
(Él/ella/usted)	habrá			
(Nosotros/as)	habremos	cantado	perdido	salido
(Vosotros/as)	habréis			
(Ellos/ellas/ustedes)	habrán			

Usos

a. Acción futura que ya habrá acabado en un momento dado del futuro:

Cuando llegues, ya **habré preparado** la comida.

b. Para expresar probabilidad de una acción terminada en el pasado:

Ellos ya **habrán llegado** a casa.

CONDICIONAL COMPUESTO

Este tiempo se forma con el condicional simple del verbo haber y el participio de perfecto del verbo conjugado:

(Yo)	habría			
(Tú)	habrías			
(Él/ella/usted)	habría			
(Nosotros/as)	habríamos	cantado	perdido	salido
(Vosotros/as)	habríais			
(Ellos/ellas/ustedes)	habrían			

Expresa una acción futura respecto de un pasado, pero como resultado de una condición o de una hipótesis:

Dijo que, para cuando llegásemos, ya **habría terminado**.

PRETÉRITO PLUSCUAMPERFECTO/PRETÉRITO ANTERIOR

• Pretérito pluscuamperfecto: expresa anterioridad con relación a otra acción también pasada:

Cuando llegaron, ya **habían terminado**.

• Pretérito anterior: expresa una acción pasada inmediatamente anterior a la otra, también pasada:

Cuando **hubo terminado**, se marchó.

Cuando el tiempo transcurrido entre las acciones es corto, empleamos: enseguida que, luego que, apenas:

Apenas **había cenado**, se acostó.

El pretérito anterior se utiliza muy poco en la expresión oral porque con los adverbios o locuciones adverbiales, apenas, en cuanto, tan pronto como, etc., queda neutralizado por el uso del pretérito pluscuamperfecto:

> Tan pronto como **había/hubo anochecido**, nos fuimos a cenar.

PRETÉRITO INDEFINIDO/PRETÉRITO PERFECTO

- Pretérito indefinido: expresa una acción completamente realizada. No hay ninguna relación con el hablante-presente:

> Ayer, hace un año, anoche, una vez, el año pasado, la semana pasada, **estuve** en París.
> Ayer **estudié** mucho.
> Anoche **llovió** mucho.

- Pretérito perfecto: expresa una acción realizada en una unidad de tiempo que guarda relación con el hablante-presente:

> Siempre, este año, aún, todavía, esta semana, hoy, ahora.
> Hoy **he estudiado** mucho.
> Esta noche **ha llovido** mucho.

- Cuando el tiempo psicológico es preponderante, puede sustituirse el pretérito indefinido por el pretérito perfecto y viceversa:

> ¡Ya **acabé** el trabajo! (hoy).
> Mi madre **ha muerto** el mes pasado.

La conjunción *cuando* + indefinido + pluscuamperfecto

> Cuando **llegó** la policía, los ladrones **habían huido**.
> Cuando **salimos** del cine, **había dejado** de llover.

FUTURO PERFECTO/CONDICIONAL COMPUESTO

- Futuro perfecto: expresa acción concluida en el futuro, anterior, a su vez, a otra acción futura:

> Cuando os despertéis, ya **habremos pasado** la sierra.

Expresa la sorpresa o la probabilidad de una acción terminada en el pasado:

> Supongo que **habrán arreglado** el televisor.
> No te **habrás gastado** todo ese dinero, ¿verdad?

• Condicional compuesto: expresa acción futura respecto al pasado, pero anterior a otra acción:

Le dije que cuando recibiera el libro, ya **habría transcurrido** un mes.

Expresa probabilidad en el pasado, pero indicando que la acción está concluida:

Por aquellas fechas, ya **habría expuesto** alguna vez.

Expresa una condición no realizada si se combina con el pretérito pluscuamperfecto de subjuntivo:

Si hubieras llegado a tiempo, **habrías participado** en el juego.

Lo expuesto en este capítulo se encuentra en ESPAÑOL 2000,
Nivel elemental: págs. 191, 192, 194, 196, 197, 204, 205 y 242.
Nivel medio: págs. 14, 15, 17, 57, 190, 191 y 192.

12. Del verbo: el modo imperativo

EL MODO IMPERATIVO

Responde a la función apelativa del lenguaje y expresa exhortación, mandato o ruego, dirigidos a otra persona. Sirve, por tanto, para llamar la atención del interlocutor:

> ¡Jesús, **ven** aquí!
> ¡**Seguidme** todos!

El imperativo únicamente presenta dos formas propiamente dichas, que responden a la segunda persona, tanto del singular como del plural. Para las demás personas se usan las formas correspondientes del presente de subjuntivo.

Forma afirmativa

a. De confianza: Calla (Tú)
                  Callad (vosotros)
b. De respeto: Calle (Usted)
                  Callen (Ustedes)

En la forma afirmativa, las únicas formas exclusivas del imperativo son las de segunda persona en el trato de confianza. En el trato de respeto, las formas utilizadas responden a las del subjuntivo.

Forma negativa

En las oraciones negativas, la exhortación, mandato o ruego se expresan en su totalidad mediante el presente de subjuntivo:

> No calléis.

Cuando las formas del imperativo van acompañadas de pronombres átonos, la lengua exige que vayan pospuestos:

> ¡Levántate! ¡Idos!

En la lengua actual, el imperativo de respeto suele sustituirse por fórmulas como:

> ¿Quiere(n) usted(es) decirme la hora?
> ¿Me dice(n), por favor, la hora?
> ¿Sería(n) tan amable(s) de decirme qué hora es?

También se ha extendido el uso vulgar del infinitivo en lugar del imperativo:

> * Abrir el libro por la página ciento dos.
> * Estaros calladitos mientras yo hablo.

Sí sería correcto el empleo del infinitivo precedido de la preposición a, con valor de mandato o de exhortación.

> ¡A callar todo el mundo!

El imperativo se presenta en la forma del presente. Pero, en sentido estricto, su valor es siempre de futuro, puesto que la orden, mandato, ruego o exhortación que inciden en el interlocutor, siempre habrán de cumplirse con posterioridad a la formulación de la frase:

> Devuélveme el coche, por favor.
> Deje ahí encima los cuadernos.

El imperativo nunca puede tener valor de pretérito, puesto que no tiene sentido emitir una orden o exhortación para su ejecución en el pasado.

EL IMPERATIVO

	FORMA AFIRMATIVA		FORMA NEGATIVA		
-ar	toma	(Tú)	no tom-es	(Tú)	
	tome*	(Usted)	no tom-e	(Usted)	el autobús
	tomad	(Vosotros/as)	no tom-éis	(Vosotros/as)	
	tomen*	(Ustedes)	no tom-en	(Ustedes)	
-er	come	(Tú)	no com-as	(Tú)	
	coma*	(Usted)	no com-a	(Usted)	pan
	comed	(Vosotros/as)	no com-áis	(Vosotros/as)	
	coman*	(Ustedes)	no com-an	(Ustedes)	
-ir	sube	(Tú)	no sub-as	(Tú)	
	suba*	(Usted)	no sub-a	(Usted)	las escaleras
	subid	(Vosotros/as)	no sub-áis	(Vosotros/as)	
	suban*	(Ustedes)	no sub-an	(Ustedes)	

Recordemos que en el imperativo las formas marcadas con asterisco pertenecen al presente de subjuntivo.

IMPERATIVOS IRREGULARES

FORMA AFIRMATIVA

decir	ir	hacer	oír	poner	
di	ve	haz	oye	pon	(Tú)
diga*	vaya*	haga*	oiga*	ponga*	(Usted)
decid	id	haced	oíd	poned	(Vosotros/as)
digan*	vayan*	hagan*	oigan*	pongan*	(Ustedes)

ser	salir	tener	traer	venir	
sé	sal	ten	trae	ven	(Tú)
sea*	salga*	tenga*	traiga*	venga*	(Usted)
sed	salid	tened	traed	venid	(Vosotros/as)
sean*	salgan*	tengan*	traigan*	vengan*	(Ustedes)

FORMA NEGATIVA

	decir	ir	hacer	oír	poner	
no	digas	vayas	hagas	oigas	pongas	(Tú)
no	diga	vaya	haga	oiga	ponga	(Usted)
no	digáis	vayáis	hagáis	oigáis	pongáis	(Vosotros/as)
no	digan	vayan	hagan	oigan	pongan	(Ustedes)

	ser	salir	tener	traer	venir	
no	seas	salgas	tengas	traigas	vengas	(Tú)
no	sea	salga	tenga	traiga	venga	(Usted)
no	seáis	salgáis	tengáis	traigáis	vengáis	(Vosotros/as)
no	sean	salgan	tengan	traigan	vengan	(Ustedes)

IMPERATIVO DE LOS VERBOS CON CAMBIO VOCÁLICO

Los verbos con cambio vocálico en el presente de indicativo también lo tienen en el imperativo (excepto la segunda persona del plural).

acostar(se)	cerrar	dormir	empezar	encender
acuésta(te)	cierra	duerme	empieza	enciende
acuéste(se)*	cierre*	duerma*	empiece*	encienda*
acosta(os)	cerrad	dormid	empezad	enceded
acuésten(se)*	cierren*	duerman*	empiecen*	enciendan*

mostrar	pedir	repetir	seguir
muestra	pide	repite	sigue
muestre*	pida*	repita*	siga*
mostrad	pedid	repetid	seguid
muestren*	pidan*	repitan*	sigan*

USOS DEL IMPERATIVO

- Expresa ruego, mandato, intensificación de la exhortación.

  ¡Salid de aquí!   ¡Cantad todos conmigo!

- Las formas de la primera persona del plural y tercera del singular y plural, aunque expresan órdenes, no pertenecen al imperativo, sino al presente del subjuntivo:

  ¡Salgamos!   ¡Empecemos!
  ¡Salga Ud.!   ¡Empiece usted!
  ¡Salgan Uds.!   ¡Empiecen ustedes!

- No tiene primera persona del singular.

- En la negación, el imperativo utiliza las formas del presente de subjuntivo:

  ¡Salid!   ¡No salgáis!

- El infinitivo precedido de la preposición a adquiere valor de imperativo:

  ¡A salir!   ¡A callar!

- No es correcto usar el infinitivo en lugar del imperativo:

  *¡Venir aquí! ————————➤ ¡Venid aquí!

IMPERATIVO + PRONOMBRE PERSONAL

FORMA AFIRMATIVA

Compra el libro ——➤ Cómpralo
Saludad a Juan ——➤ Saludadlo
Dame la llave ————➤ Dámela
Lávate las manos ➤ Lávatelas

FORMA NEGATIVA

No compres el libro ——➤ No lo compres
No saludéis a Juan ——➤ No lo saludéis
No me des la llave ————➤ No me la des
No te laves las manos ➤ No te las laves

NOTA: Sentad + os ——————➤ Senta-os
         Marchad + os ——————➤ Marcha-os   Excepto IR: Idos/iros
         Lavad + os las manos ——➤ Lavá-oslas

Lo tratado en este capítulo se encuentra en ESPAÑOL 2000,

Nivel elemental: págs. 118, 119, 122 y 130.

Nivel medio: pág. 206.

13. Del verbo: el modo subjuntivo

EL MODO SUBJUNTIVO

- Expresa la participación subjetiva del hablante. Es el modo de la irrealidad frente al indicativo que manifiesta la realidad.

- Los tiempos del subjuntivo suelen ir subordinados, integrados en oraciones compuestas:

    Quizá me llamen hoy.
    Afirmo que quizá me llamen hoy.

- Empleamos el subjuntivo si queremos expresar: duda, deseo, incertidumbre, emociones, sentimientos, ruego, exhortación:

    Dudo de que venga.
    No temas.
    Vaya con atención.

- Empleamos el subjuntivo tras la expresión de un verbo de voluntad o deseo seguido de **que** enunciativo o de la interjección **ojalá**:

    Quiero que comas.
    ¡Ojalá se marche!

PRESENTE DE SUBJUNTIVO DE LOS VERBOS REGULARES EN -AR, -ER, -IR

	-ar	-er	-ir
(Yo)	estudi-e	beb-a	abr-a
(Tú)	estudi-es	beb-as	abr-as
(Él/ella/usted)	estudi-e	beb-a	abr-a
(Nosotros/as)	estudi-emos	beb-amos	abr-amos
(Vosotros/as)	estudi-éis	beb-áis	abr-áis
(Ellos/ellas/ustedes)	estudi-en	beb-an	abr-an
Vocal característica:	e	a	a

Recuerde: Quizá/tal vez
            Posiblemente/probablemente   + subjuntivo
            Ojalá

    Tal vez **venga**.   Posiblemente **llueva**.   Ojalá **ganéis**.

Verbos irregulares

	DAR	ESTAR	HABER	IR	SABER	SER
(Yo)	dé	esté	haya	vaya	sepa	sea
(Tú)	dés	estés	hayas	vayas	sepas	seas
(Él/ella/usted)	dé	esté	haya	vaya	sepa	sea
(Nosotros/as)	demos	estemos	hayamos	vayamos	sepamos	seamos
(Vosotros/as)	deis	estéis	hayáis	vayáis	sepáis	seáis
(Ellos/ellas/ustedes)	den	estén	hayan	vayan	sepan	sean

Los verbos con primera persona irregular en el presente de indicativo forman el presente de subjuntivo a partir de ella:

    Hacer: hag-o ⇒ hag-a
    Tener: teng-o ⇒ teng-a
    Salir: salg-o ⇒ salg-a

Verbos con diptongación

1. Verbos en -ar

    e ⇒ ie: 1.ª, 2.ª y 3.ª persona de singular; 3.ª persona de plural.

(Yo)	aciert-e
(Tú)	aciert-es
(Él/ella/usted)	aciert-e
(Nosotros/as)	acert-emos
(Vosotros/as)	acert-éis
(Ellos/ellas/ustedes)	aciert-en

    acertar, calentar, encerrar, negar, pensar, sentar.

    o ⇒ ue: 1.ª, 2.ª y 3.ª persona de singular; 3.ª persona de plural.

(Yo)	acuerd-e
(Tú)	acuerd-es
(Él/ella/usted)	acuerd-e
(Nosotros/as)	acord-emos
(Vosotros/as)	acord-éis
(Ellos/ellas/ustedes)	acuerd-en

    acordar, acostar, colgar, contar, demostrar, mover.

2. Verbos en -er

e ⇒ ie: 1.ª, 2.ª y 3.ª persona de singular; 3.ª persona de plural.

(Yo)	quier-a	
(Tú)	quier-as	atender, defen-
(Él/ella/usted)	quier-a	der, descender,
(Nosotros/as)	quer-amos	encender,
(Vosotros/as)	quer-áis	perder, querer.
(Ellos/ellas/ustedes)	quier-an	

o ⇒ ue: 1.ª, 2.ª y 3.ª persona de singular; 3.ª persona de plural.

(Yo)	vuelv-a	
(Tú)	vuelv-as	devolver, doler,
(Él/ella/usted)	vuelv-a	morder, mover,
(Nosotros/as)	volv-amos	resolver, volver.
(Vosotros/as)	volv-áis	
(Ellos/ellas/ustedes)	vuelv-an	

3. Verbos en -ir

e ⇒ ie: 1.ª, 2.ª y 3.ª persona de singular; 3.ª persona de plural.

(Yo)	sient-a	
(Tú)	sient-as	advertir,
(Él/ella/usted)	sient-a	consentir, divertir,
(Nosotros/as)	sint-amos	presentir, preferir,
(Vosotros/as)	sint-áis	sentir.
(Ellos/ellas/ustedes)	sient-an	

e ⇒ i: 1.ª, 2.ª y 3.ª persona de singular; 1.ª, 2.ª y 3.ª persona de plural.

(Yo)	sirv-a	
(Tú)	sirv-as	medir, pedir,
(Él/ella/usted)	sirv-a	repetir, vestir,
(Nosotros/as)	sirv-amos	servir.
(Vosotros/as)	sirv-áis	
(Ellos/ellas/ustedes)	sirv-an	

EXPRESIONES QUE RIGEN SUBJUNTIVO

Es conveniente Es importante Es improbable Es incierto Es interesante Es necesario Es posible/probable	que + subjuntivo

Es bueno Es lógico Es mejor Es útil Es fácil Es indiferente	que + subjuntivo

> APRENDA: Creo que + indicativo: Creo que **viene** en este tren.
> No creo que + subjuntivo: No creo que **venga** en este tren.

Verbos que rigen subjuntivo

aconsejar, agradecer, alegrarse de, no creer, desear, decir, dejar, dudar, esperar, extrañarse de, lamentar, mandar, ordenar, pedir, permitir, prohibir, querer, recomendar, rogar, sentir, sugerir, suplicar, temer	que + subjuntivo

> RECUERDE: No + subjuntivo = Imperativo negativo:
> No corras, no chilléis, no se detenga, no miren.

Expresiones + subjuntivo

A no ser que Como no sea que Con tal de que Siempre que	+ subjuntivo

CONJUNCIONES + SUBJUNTIVO

Antes (de) que, aunque, cuando, después (de) que, hasta que, mientras que, para que, sin que, tan pronto como:

Nos levantaremos **antes (de) que** salga el sol.
Aunque llueva, iremos a pescar.
Cuando tenga dinero, me compraré un coche.
Después (de) que escriba la carta, la echaré al correo.

Esperamos **hasta que** llegue el autobús.

Mientras (que) haya nieve, las pistas estarán abiertas.

Te lo aviso **para que** estés prevenido.

No me iré **sin que** me den una explicación.

Tan pronto como salgan las listas, te avisaré.

Estas conjunciones, con la excepción de antes (de) que, para que y sin que, también rigen indicativo. Cuando es así, indican que la acción ya se ha realizado o se realiza en el presente. Cuando rigen subjuntivo, expresan una acción hipotética o futura.

Pronombre relativo + subjuntivo

Que + presente de subjuntivo ⇒ expresa deseo o condición:

Quiero una habitación **que tenga** vistas al mar.

Que + presente de indicativo ⇒ describe una realidad:

Me han dado una habitación **que tiene** vistas al mar.

PRETÉRITO IMPERFECTO DE SUBJUNTIVO DE LOS VERBOS REGULARES EN -AR, -ER, -IR

	-ar	-er	-ir
(Yo)	cant-ara/ase	tem-iera/iese	part-iera/iese
(Tú)	cant-aras/ases	tem-ieras/ieses	part-ieras/ieses
(Él/ella/usted)	cant-ara/ase	tem-iera/iese	part-iera/iese
(Nosotros/as)	cant-áramos/ásemos	tem-iéramos/iésemos	part-iéramos/iésemos
(Vosotros/as)	cant-arais/aseis	tem-ierais/ieseis	part-ierais/ieseis
(Ellos/ellas/ustedes)	cant-aran/asen	tem-ieran/iesen	part-ieran/iesen

El pretérito imperfecto se forma a partir de la 3.ª persona de plural del pretérito indefinido:

cantar-(on) ⇒ cantara/se

temier-(on) ⇒ temiera/se

partier-(on) ⇒ partiera/se

PRETÉRITO IMPERFECTO DE LOS VERBOS IRREGULARES

DECIR:	Dij-era/ese	HACER:	Hic-iera/iese	SABER:	Sup-iera/iese
CREER:	Crey-era/ese	IR:	Fu-era/ese	SER:	Fu-era/ese
DORMIR:	Durm-iera/iese	LEER:	Ley-era/ese	TENER:	Tuv-iera/iese
ESTAR:	Estuv-iera/iese	PEDIR:	Pid-iera/iese	VENIR:	Vin-iera/iese

PRETÉRITO PERFECTO DE SUBJUNTIVO

Se forma añadiendo al presente de subjuntivo de haber el participio de perfecto del verbo que se conjuga:

(Yo)	haya			
(Tú)	hayas			
(Él/ella/usted)	haya	-ar	-er	-ir
(Nosotros/as)	hayamos	cantado,	perdido,	salido
(Vosotros/as)	hayáis			
(Ellos/ellas/ustedes)	hayan			

PRETÉRITO PLUSCUAMPERFECTO DE SUBJUNTIVO

Se forma añadiendo al imperfecto de subjuntivo de haber el participio de perfecto del verbo que se conjuga:

(Yo)	hubiera/ese			
(Tú)	hubieras/eses			
(Él/ella/usted)	hubiera/ese	-ar	-er	-ir
(Nosotros/as)	hubiéramos/ésemos	solucionado,	leído,	salido
(Vosotros/as)	hubierais/eseis			
(Ellos/ellas/ustedes)	hubieran/esen			

USO DEL PRESENTE DE SUBJUNTIVO

- Expresa tiempo presente y futuro:

    Espero que te **quedes**.
    Es posible que **vaya** mañana a tu casa.

- Las formas del presente, precedidas del adverbio no, toman valor de mandato:

  No **vengas**.
  No **creas** que eres el único.

- Las formas de primera persona del plural y tercera del singular y del plural se utilizan también como formas del imperativo:

  ¡**Vengan** todos!

USO DEL PRETÉRITO IMPERFECTO DE SUBJUNTIVO

- Temporalmente puede indicar presente, pasado y futuro, dentro de unos límites muy amplios:

  En este momento, si no te **contestara**, te enfadarías.

- Con los verbos querer, deber y poder toma el valor de cortesía:

  Quisiera pedirle un favor.

- La aparición del imperfecto depende de la forma del verbo principal:

  Me aconsejaron que estudiara.
  Me aconsejaban que estudiara.
  Me aconsejarían que viniera.
  Me habían aconsejado que viniera.

Imperfecto para expresar un deseo

Me gustaría	
Desearía	
Preferiría	+ que + imperfecto de subjuntivo
Querría/Quisiera	

Me **gustaría** que **vinieras** con nosotros de excursión.

USO DEL PRETÉRITO PERFECTO Y DEL PLUSCUAMPERFECTO DE SUBJUNTIVO

El pretérito perfecto de subjuntivo expresa una acción acabada, realizada en un tiempo pasado o futuro:

Siento mucho que Luis **haya perdido** el reloj.
Avísame cuando **hayas terminado** de leer el libro.

El pretérito pluscuamperfecto indica acción acabada, realizada en un tiempo pasado para el hablante:

Si **hubiera tomado** ese avión, habría muerto en el accidente.

El empleo del perfecto o del pluscuamperfecto depende de la forma del verbo principal:

No creo que **haya llegado** a tiempo.
No creía que **hubiera/ese llegado** a tiempo.

USO DE FUTURO Y FUTURO PERFECTO DE SUBJUNTIVO

Futuro y futuro perfecto (cantare, temiere, partiere y hubiere cantado/temido/partido) prácticamente han desaparecido del español hablado. Se conservan en el lenguaje escrito (esencialmente jurídico) y en algunas expresiones:

Si hubiere alguien en la sala...
Sea lo que fuere...

CORRESPONDENCIA DEL INDICATIVO CON EL SUBJUNTIVO

INDICATIVO		SUBJUNTIVO	
Creo que	llegan en este tren. llegarán en este tren.	No creo que	**lleguen** en este tren.
	ha ganado tu equipo. habrá ganado tu equipo.		**haya ganado** tu equipo.
	el concierto acabó pronto.		el concierto **acabara/se** pronto.
Creía que Creí que	estabais todos en el club. estaríais todos en el club.	No creía que No creí que	**estuvierais/seis** todos en el club.
	había salido el sol. habría salido el sol.		**hubiera/ese** salido el sol.

Lo expuesto en este capítulo se encuentra en **ESPAÑOL 2000**,
Nivel elemental: págs. 249, 250, 252 y 253.
Nivel medio: págs. 24, 25, 26, 28, 35, 36, 37, 38, 46, 57, 63, 96, 198, 199, 200 y 201.

14. Del verbo: formas no personales

FORMAS NO PERSONALES DEL VERBO

Las formas no personales del verbo (infinitivo, gerundio y participio) son formas de la flexión verbal desprovistas de los morfemas verbales de persona.

El infinitivo es la forma no personal que adopta el verbo para funcionar como sustantivo:

> Ganar siempre es posible.

El gerundio es la forma no personal que el verbo adopta para funcionar como adverbio:

> Me escapé corriendo de allí.

El participio es la forma no personal que adopta el verbo para funcionar como adjetivo:

> Antonio, sorprendido, no supo qué decir.

En cuanto al matiz de tiempo expresado por cada uno, el infinitivo expresa totalidad; el gerundio indica tiempo imperfecto; el participio denota perfección.

EL INFINITIVO: USOS Y VALORES

El infinitivo presenta dos formas: simple y compuesta.

Cant-ar	Tem-er	Part-ir
Haber cantado	Haber temido	Haber partido

Puede lexicalizarse como sustantivo: querer, deber, andar... y, entonces, admiten morfema de plural: quereres, deberes, andares... Y por eso mismo, desempeña en la oración las mismas funciones que competen al sustantivo:

> Jorge está haciendo sus deberes.
> María tiene unos andares muy garbosos.
> El dormir demasiado no es bueno.

El infinitivo admite artículos, demostrativos, posesivos, así como adjetivos calificativos y otros complementos nominales:

> El saber no ocupa lugar.
> Recordemos aquel cantar que dice…
> Este hombre se caracteriza por su buen hacer.

Puede ir acompañado de pronombres enclíticos:

> Quiere comprarle un piso.
> No debes ponerte así.

Valores

- El infinitivo expresa la significación global del verbo.

- Por su terminación, indica la conjugación a la que el verbo pertenece:

  > 1.ª Acab-ar   2.ª Permanec-er   3.ª Dirig-ir

- Cuando va acompañado de pronominales átonos, estos se posponen:

  > ¡Habérmelo dicho!
  > No quiero tenérselo que repetir.

- Con la preposición a antepuesta, tiene valor de imperativo:

  > ¡A callar todo el mundo!

- Forma parte de gran número de perífrasis:

  > Esto es para echarse a temblar.
  > A ti te toca ir a comprar el pan.

- Al + infinitivo adquiere sentido temporal: equivale a cuando + la forma verbal correspondiente:

  > Al llegar a Toledo, empezó a llover.
  > (Cuando llegábamos a Toledo…)

- Por + infinitivo adopta sentido causal:

  > Por ir tan deprisa, no los he visto.
  > (No los he visto porque iba tan deprisa.)

- De + infinitivo tiene el valor de una condición:

  > De seguir así, vamos a fracasar.
  > (Si seguimos así…)

- El infinitivo compuesto (haber + participio) expresa acción acabada, pero no en relación con un tiempo determinado:

    De haber sabido que venías, no me habría ido.
    No me importa haber corrido tanto.

Otros valores del infinitivo

- Temporal: Antes de acostarme, me lavo los dientes.
                 Al irse, notaron que les faltaba algo.
                 Tras hablar con él, tomé una decisión.

- Final: Hago deporte para conservarme en forma.
                 Por no verle, soy capaz de cualquier cosa.

- Causal: Ha faltado a clase por encontrarse enfermo.
                 Con tal de ver la televisión, sacrifica el paseo

- Consecutivo: De tanto cantar, te has quedado sin voz.

- Condición: A no ser por ti, me caigo en el pozo.

GERUNDIO: USOS Y VALORES

El gerundio presenta dos formas: simple y compuesta.

Cant-ando	Com-iendo	Sal-iendo
Habiendo cantado	Habiendo comido	Habiendo salido

- En su forma simple, expresa una acción durativa en coincidencia temporal con el verbo de la oración principal:

    Se gana la vida trabajando día y noche.

- En su forma compuesta expresa acción acabada, anterior a la del verbo de la oración principal:

    Habiendo acabado la clase, se fueron todos a su casa.

- Se considera inadecuado el empleo del gerundio para indicar posterioridad:

    * Montaron en el coche, dirigiéndose al concierto.
    Montaron en el coche y se dirigieron al concierto.

No se trata de oraciones simultáneas o coincidentes, por lo que las acciones deben tener una secuencia temporal. En una sucesión de acontecimientos, el gerundio nunca puede expresar el acontecimiento posterior.

- El gerundio destaca, también, por su función adverbial:

> Podemos pasar el rato **charlando**.
> Se han ido a casa **corriendo**.

- En esta forma adverbial, puede llevar sufijos diminutivos:

> Me marché andan**dito**.
> Entrad callan**dito**, que está dormida.

- Cuando va acompañado de un pronominal átono (complemento directo o indirecto), éste se pospone:

> Entró saludándo**nos** con mucho respeto.
> Lleva una hora haciéndo**les** burla.

Existen restos de gerundios —funcionan como adjetivos—, que conservan sentido pasivo de obligación: horrendo, dividendo (que causa horror, que ha de dividirse, respectivamente).

Otros valores del gerundio

- Temporal: **Viniendo** hacia aquí, me he encontrado con Ángel.
- Condicional: **Hablando** idiomas, no vas a tener problemas.
  No esperes un premio **comportándote** así.
- Causal: **Vistiendo** con tanta elegancia, nos dejó sorprendidos.
- Concesivo: La situación no cambia, aun **estando** tú allí.

FORMAS DEL GERUNDIO CON CAMBIO VOCÁLICO

a. Los verbos en -ir con cambio vocálico en el presente, cambian también en el gerundio: e $\Rightarrow$ i; o $\Rightarrow$ u:

decir	: diciendo		dormir	: durmiendo
divertir	: divirtiendo		morir	: muriendo
pedir	: pidiendo		poder	: pudiendo
preferir	: prefiriendo			
regir	: rigiendo			
servir	: sirviendo			

b. Muchos verbos, cuyo radical acaba en vocal, forman el gerundio en -yendo:

ca-er	: ca-yendo		le-er	: le-yendo
constru-ir	: constru-yendo		o-ír	: o-yendo
hu-ir	: hu-yendo		ro-er	: ro-yendo
ir	: yendo		tra-er	: tra-yendo

GERUNDIO + PRONOMBRES PERSONALES Y REFLEXIVOS

1. Está esperando el **autobús**.
   - a. **Lo** está esperando.
   - b. Está esperándo**lo**.

2. El profesor está explicando la **lección** a los **alumnos**.
   - a. **Se la** está explicando
   - b. Está explicándo**sela**.

3. Juan **se** está lavando las **manos**.
   - a. **Se las** está lavando.
   - b. Está lavándo**selas**.

EL PARTICIPIO: USOS Y VALORES

A diferencia del infinitivo y del gerundio, el participio tiene formas distintas para concertar en género y número con el sustantivo a que se refiere:

Estafado**r** condenado   Estafado**ras** condenad**as**

La forma del participio sirve para formar, con el verbo haber, los tiempos compuestos de la conjugación activa. Entonces es invariable:

Jesús ha estudiad**o** bien;
María ha estudiad**o** bien;
ambos han estudiad**o** bien.

Sirve también para formar los tiempos de la voz pasiva, con el verbo ser. En este caso, el participio concuerda en número y género con el sujeto de la voz pasiva:

Este sonet**o** fue escrit**o** por Góngora.
Estos sonet**os** fueron escrit**os** por Quevedo.

Al ser un adjetivo verbal, puede desempeñar en la oración las funciones propias del adjetivo:

- Complemento predicativo referido al sujeto:

  Los atletas llegaron **agotados**.

- Complemento predicativo referido al complemento directo:

  Creo que tengo **merecida** una recompensa.

Otros valores del participio

- **Temporal:**   **Acabada** la película, la sala se fue vaciando.

- **Causal:**   **Tomada** esta decisión, mi opinión ya no interesa.

Las formas en -ante, -ente o -iente responden al participio de presente. Algunos de ellos funcionan normalmente como sustantivos:

> estudiante, presidente, dependiente, carburante.

Otros, en cambio, pueden funcionar como adjetivos y sustantivos:

> brillante (que brilla y joya).
> cantante (que canta y profesional del cante).

Existen participios —acabados en -ado, -ido— que han adquirido significado activo: agradecido, atrevido, cenado, bebido, disimulado, etc., y pasan a significar el que agradece, el que se atreve, el que ha cenado, el que bebe, borracho, el que disimula, respectivamente.

FORMAS IRREGULARES EN EL PARTICIPIO

-er			-ir		
hacer	:	hecho	abrir	:	abierto
poner	:	puesto	cubrir	:	cubierto
resolver	:	resuelto	decir	:	dicho
romper	:	roto	descubrir	:	descubierto
ver	:	visto	escribir	:	escrito
volver	:	vuelto	morir	:	muerto

(Yo)	he	
(Tú)	has	
(Él/ella/usted)	ha	hecho, abierto, puesto, cubierto,
(Nosotros/as)	hemos	resuelto, etc.
(Vosotros/as)	habéis	
(Ellos/ellas/ustedes)	han	

VERBOS CON DOS PARTICIPIOS

Infinitivo	Participio regular	Participio irregular
abstraer	abstraído	abstracto
afligir	afligido	aflicto
atender	atendido	atento
bendecir	bendecido	bendito
circuncidar	circuncidado	circunciso
comprimir	comprimido	compreso

Infinitivo	Participio regular	Participio irregular
concluir	concluido	concluso
confesar	confesado	confeso
confundir	confundido	confuso
consumir	consumido	consunto
convencer	convencido	convicto
convertir	convertido	converso
corregir	corregido	correcto
corromper	corrompido	corrupto
despertar	despertado	despierto
difundir	difundido	difuso
dividir	dividido	diviso
elegir	elegido	electo
excluir	excluido	excluso
eximir	eximido	exento
expresar	expresado	expreso
extender	extendido	extenso
extinguir	extinguido	extinto
fijar	fijado	fijo
freír	freído	frito
hartar	hartado	harto
imprimir	imprimido	impreso
incluir	incluido	incluso
incurrir	incurrido	incurso
infundir	infundido	infuso
injerir	injerido	injerto
insertar	insertado	inserto
invertir	invertido	inverso
juntar	juntado	junto
maldecir	maldecido	maldito
manifestar	manifestado	manifiesto
nacer	nacido	nato
omitir	omitido	omiso
oprimir	oprimido	opreso
poseer	poseído	poseso
prender	prendido	preso
presumir	presumido	presunto
pretender	pretendido	pretenso
proveer	proveído	provisto
recluir	recluido	recluso
romper	rompido	roto

Infinitivo	Participio regular	Participio irregular
salvar	salvado	salvo
sepultar	sepultado	sepulto
soltar	soltado	suelto
sujetar	sujetado	sujeto
suprimir	suprimido	supreso
suspender	suspendido	suspenso
sustituir	sustituido	sustituto
teñir	teñido	tinto
torcer	torcido	tuerto

En general, la forma regular del participio forma los tiempos compuestos con el tiempo correspondiente del verbo haber: he invertido, había nacido, habrá suprimido...

Aunque decimos: he roto, ha vuelto, habías dicho, hemos escrito, habéis hecho y habían puesto, porque, en dichos verbos, la única forma usada es la del participio irregular.

Lo tratado en este capítulo se encuentra en ESPAÑOL 2000,
Nivel elemental: págs. 95, 96, 97, 194 y 220.
Nivel medio: págs. 14, 15, 85, 165, 166, 167 y 177.

15. De las perífrasis verbales

LAS PERÍFRASIS VERBALES

Se llama perífrasis verbal a la concurrencia de dos formas verbales destinadas a expresar un contenido informativo distinto de la mera suma de los contenidos informativos de cada una de las formas verbales.

Los dos elementos constituyentes de la perífrasis no tienen la misma función ni la misma forma. Uno de ellos, invariable en cuanto a la flexión verbal, aporta el contenido léxico: el significado. El otro, variable, aporta los morfemas de persona, número, tiempo y modo, y es llamado auxiliar. En esta función pierde su significado propio.

La estructura general de la perífrasis puede representarse así:

VERBO AUXILIAR	NEXO	FORMAS NO PERSONALES
Forma flexiva	• Cualquier preposición • La conjunción que	• Infinitivo • Gerundio • Participio

Las perífrasis con infinitivo indican el principio de la acción. Es una acción dirigida hacia el futuro, que no se mide desde el momento presente del habla, sino desde el tiempo en que se halla el verbo auxiliar:

Voy a jugar al tenis.

Las perífrasis con gerundio indican el desarrollo de la acción. Presentan un sentido general de acción durativa:

Estoy jugando al tenis.

Las perífrasis con participio indican el término de la acción. Se caracterizan por poseer un significado perfectivo:

Tengo pensado jugar al tenis.

El verbo que desempeña la función de auxiliar en una perífrasis pierde parcial o totalmente su significado propio:

> El niño rompió a llorar.

Verbos modales

Se denominan modales los verbos que, sin formar perífrasis en sentido estricto, se unen a un infinitivo para añadirle una modificación que indica la actitud del hablante.

Los principales verbos modales son:

> deber   poder   querer   saber   soler
> Los deportistas **suelen conocer** las dificultades de la prueba.

Perífrasis y formas pronominales átonas

- En las perífrasis con infinitivo, las formas pronominales átonas, en general, se posponen a la forma no personal del verbo:

> Voy a explicarte la lección de hoy.

- En las perífrasis con gerundio, se posponen a la forma no personal:

> Hace rato que estoy esperándote.

Pese a lo indicado, tanto en las perífrasis con gerundio como en las perífrasis con infinitivo, las formas pronominales átonas pueden colocarse precediendo al verbo en forma personal:

> Te voy a explicar la lección de hoy.
> Hace rato que te estoy esperando.

- En las perífrasis con participio, la forma átona precede al verbo auxiliar:

> Me tiene prohibido hacer declaraciones.

VERBO AUXILIAR + INFINITIVO

Tienen carácter progresivo:

Voy a salir. / Iba a salir. / Tendré que salir.

La acción de salir es siempre futura en relación con el verbo auxiliar, aunque el concepto verbal en su totalidad sea presente, pasado o futuro.

Ir a Echar a Ponerse a Romper a	+ infinitivo: acción que comienza	Voy a matricularme en Ciencias. El tren ha echado a andar ya. Ahora mismo te pones a barrer. Han roto a aplaudir.
Venir a Deber de	+ infinitivo: expresión aproximativa	Viene a costar unos cien euros. Ésa debe de ser su hija.
Llegar a Acabar de Dejar de	+ infinitivo: expresión perfectiva	Han llegado a insultarse. Acabo de enterarme de todo. Ayer dejó de emitir en onda media.
Haber de Haber que Tener que Deber	+ infinitivo: expresión de obligación	He de rellenar este impreso. Hay que avisarles enseguida. Tienes que presentarte allí. Deben pagar sus impuestos.

Ir a + infinitivo

(Yo)	voy a	cenar	a un restaurante.
(Tú)	vas a	bailar	a alguna discoteca.
(Él/ella/usted)	va a	nadar	a la piscina.
(Nosotros/as)	vamos a	visitar	a nuestros amigos.
(Vosotros/as)	vais a	veranear	a Cantabria.
(Ellos/ellas/ustedes)	van a	saludar	a sus invitados.

Tener que / haber que / deber + infinitivo

	Obligación	Obligación menor, consejo	
(Yo)	tengo que	debo	
(Tú)	tienes que	debes	
(Él/ella/usted)	tiene que	debe	estudiar para el examen.
(Nosotros/as)	tenemos que	debemos	
(Vosotros/as)	tenéis que	debéis	
(Ellos/ellas/ustedes)	tienen que	deben	

Obligación más impersonal: Hay que estudiar para el examen.

VERBO AUXILIAR + GERUNDIO

Tiene carácter de acción durativa.

Estar + gerundio

Con verbos de acción no momentánea, realza la noción durativa o denota progreso de una acción habitual:

> Carmen está mirando el escaparate.

Con verbos de acción momentánea, introduce sentido reiterativo:

> El niño ha estado besando a su madre.

Ir / venir / andar + gerundio

Añaden a la duración del gerundio las ideas de movimiento, iniciación y progreso de la acción:

> Voy recopilando el material para mi libro.
> Vengo observando que haces bien tu trabajo.
> Ando buscando fotos de paisajes.

Seguir + gerundio

Expresa explícitamente continuidad en la acción:

> Sigo pensando que te has precipitado.

ESTAR + GERUNDIO

Presente

		-ar	-er	-ir
(Yo)	estoy			
(Tú)	estás			
(Él/ella/usted)	está	-ando	-iendo	-iendo
(Nosotros/as)	estamos	trabaj-ando	com-iendo	escrib-iendo
(Vosotros/as)	estáis			
(Ellos/ellas/ustedes)	están			

Pretérito imperfecto

		-ar	-er	-ir
(Yo)	estaba			
(Tú)	estabas			
(Él/ella/usted)	estaba	-ando	-iendo	-iendo
(Nosotros/as)	estábamos	esper-ando	corr-iendo	sub-iendo
(Vosotros/as)	estabais			
(Ellos/ellas/ustedes)	estaban			

Futuro imperfecto

		-ar	-er	-ir
(Yo)	estaré			
(Tú)	estarás	-ando	-iendo	-iendo
(Él/ella/usted)	estará	lleg-ando	hac-iendo	vin-iendo
(Nosotros/as)	estaremos			
(Vosotros/as)	estaréis			
(Ellos/ellas/ustedes)	estarán			

VERBOS MODALES + GERUNDIO

Acabar		Acabamos cenando en la cafetería.
Andar		Anduve buscando un aparcamiento.
Continuar		Veo que continúas trabajando aquí.
Empezar		Empezó recogiendo papeles viejos.
Estar	+ gerundio	Estáis dando un espectáculo lamentable.
Ir		Van llegando poco a poco a la meta.
Llevar		Llevo conduciendo seis horas seguidas.
Seguir		Sigue bailando hasta que acabe la música.
Terminar		Terminaréis hablando de política.
Venir		¿Qué has venido haciendo hasta ahora?

VERBO AUXILIAR + PARTICIPIO

- Expresa acción terminada:

    He pensado no presentarme al examen.

- Haber + participio forma los tiempos compuestos de la conjugación. En esta perífrasis el participio aparece siempre en masculino singular:

    Todas las alumnas han salido de viaje.

- Con otros verbos distintos a haber, el participio mantiene la concordancia con el complemento directo:

    Tengo preparada la respuesta.
    Llevo andados muchos caminos.

- Con ser y estar, el participio concuerda con el sujeto:

    Sus palabras fueron muy aplaudidas.
    Aquí el oso está protegido.

FORMAS PERIFRÁSTICAS MÁS FRECUENTES

SIGNIFICACIÓN PROGRESIVA

PRINCIPIATIVA

a + infinitivo:

comenzar	Podéis comenzar a jugar.
echar	Es para echarse a reír.
empezar	Empiezo a cansarme.
ir	El tren va a llegar.
pasar	Paso a contestar su carta.
ponerse	Me puse a escribir.

TERMINATIVA:

venir a + infinitivo:
Espero que venga a buscarnos.
Vengo a conocerte, Luis.

APROXIMATIVA:

venir a + infinitivo:
Este libro viene a decir lo mismo.
Mi moto viene a costar un millón.

REITERATIVA:

volver a + infinitivo:
Habrá que volver a empezar.
No lo volverá a hacer.

OBLIGATIVA:

haber de + infinitivo:
He de acercarme al colegio.

haber que + infinitivo:
Cuando te pones así, hay que fastidiarse.

tener que + infinitivo:
Tenemos que considerar su situación.
Tendrás que llamar la atención a tus alumnos.

HIPOTÉTICA:

deber de + infinitivo:
Anoche debían de ser las doce cuando llegaste.

PONDERATIVA:

llegar a + infinitivo:
Isabel ha llegado a decirme que me desprecia.

SOCIAL CUALITATIVA:

acabar de + infinitivo:
La película acababa de empezar cuando me llamó.
Álvaro se acaba de ir a su casa.

SIGNIFICACIÓN DURATIVA:

estar + gerundio:
> Estamos llegando a
> las últimas consecuencias.

ir + gerundio:
> Puedes ir recogiendo
> tus cosas; nos vamos.

venir + gerundio:
> Esto te lo vengo advirtiendo
> hace tiempo.

seguir + gerundio:
> ¿Sigues pensando que
> Marcos te engaña?

andar + gerundio:
> Por ahí andan diciendo
> que vas a dimitir.

SIGNIFICACIÓN PERFECTIVA:

venir a + infinitivo:
> María viene a contarnos
> lo que ha pasado.

acabar de + infinitivo:
> No acabo de entender
> lo que pretendes.

llegar a + infinitivo:
> Hemos llegado a sospechar
> de todos ellos.

alcanzar a + infinitivo:
> Algún día alcanzarán a ver
> la verdad.

llevar + participio:
> Arancha lleva jugados siete
> partidos.

tener + participio:
> Para este examen tengo
> estudiado todo el libro.

traer + participio:
> Traigo la camisa empapada
> por la lluvia.

estar + participio:
> Mi amigo está interesado
> en hablar con usted.

ser + participio:
> Los turistas han sido tratados
> a cuerpo de rey.

quedar + participio:
> Todos los que copien
> quedarán expulsados
> del examen.

Lo expuesto en este capítulo se encuentra en ESPAÑOL 2000,

Nivel elemental: págs. 95, 107, 108, 146, 156, 172, 196 y 207.

Nivel medio: págs. 84, 173, 174, 175, y 176.

Nivel superior: pág. 194.

16. De la conjugación pasiva y de la impersonalidad

LA VOZ PASIVA Y LA IMPERSONALIDAD

La voz pasiva

Las perífrasis verbales ser + participio y estar + participio forman, en principio, construcciones de significado pasivo, en las que el sujeto no es agente, sino receptor de la acción verbal:

> La lección **es explicada** por el profesor.
> El problema **está solucionado**.

Voz pasiva con *ser*

Presenta la estructura siguiente:

Tiempo correspondiente del auxiliar ser	+	Participio pasado del verbo conjugado

En dicha construcción el sujeto paciente concuerda en género y número con la forma del participio:

> El puerto fue **coronado** por todos los ciclistas.
> Los terroristas han sido **capturados** por la policía.

Pasiva con *se*

La pasiva refleja presenta el esquema siguiente:

se	+	Verbo transitivo en tercera persona (singular o plural)

> Este drama se escribió en 1946.
> En septiembre se vendieron casi todos los pisos.

La pasiva refleja con se sustituye en la lengua hablada a la pasiva con ser cuando ésta no tiene agente humano expreso y su sujeto paciente es de cosa:

> Se muestra el esquema.

LA VOZ PASIVA: *SER* + PARTICIPIO PERFECTO

Presente: El ministro **es** recibido por las autoridades.
Futuro: El congreso **será** clausurado por el presidente.
Pret. imperfecto: La orquesta **era** dirigida por un pianista.
Pret. indefinido: El partido **fue** arbitrado por un colegiado holandés.
Pret. perfecto: La exposición **ha sido** patrocinada por varios bancos.
Pret. pluscuamp.:   El avión **había sido** secuestrado por un terrorista.

El participio de perfecto concuerda en género y número con el sujeto paciente:

> El ministro ha inaugurado la exposición.
> **La exposición** ha sido inaugura**da** por el ministro.
> La oposición criticó los planes del gobierno.
> **Los planes** del gobierno fueron criticad**os** por la oposición.

El agente aparece, normalmente, precedido por la preposición por:

> Los faraones construyeron las pirámides.
> Las pirámides fueron construidas **por** los faraones.

PASIVA REFLEJA

Se forma con se + verbo conjugado en 3.ª persona (singular o plural) de la voz activa:

> Se alquila habitación.   Se alquilan habitaciones.
> La bebida se agotó.   Las bebidas se agotaron.
> Se solucionará el problema.   Se solucionarán los problemas.

Esta construcción no debe crear confusión con el pronombre reflexivo se, ni con la forma se impersonal:

> Se habla inglés. (impersonal)   La puerta se abre sola. (reflexivo)

PASIVA DE ESTADO

Se forma con el tiempo correspondiente del verbo estar + participio de perfecto del verbo conjugado:

	VOZ PASIVA	PASIVA EN ESTADO
Presente	El problema es solucionado.	El problema está solucionado.
P. imperfecto	El problema era solucionado.	El problema estaba solucionado.
P. indefinido	El problema fue solucionado.	El problema estuvo solucionado.
P. perfecto	El problema ha sido solucionado.	El problema ha estado solucionado.
P. pluscuamp.	El problema había sido solucionado.	El problema había estado solucionado.
Futuro	El problema será solucionado.	El problema estará solucionado.

LA VOZ PASIVA Y SUS POSIBLES SUSTITUCIONES

1. Cuando la frase tiene por sujeto un nombre de cosa, el español, en vez de la pasiva con ser, prefiere la pasiva refleja con se:

    Ha sido vendido todo el trigo   Se ha vendido todo el trigo.

2. Si el verbo pasivo está en infinitivo, se le puede sustituir por el nombre abstracto correspondiente:

    Me duele ser despreciado por ti   Me duele tu desprecio.

3. También puede sustituirse el participio pasivo por un sustantivo, conservando el verbo ser, aunque cambie el tiempo:

    El libro ha sido escrito por mí   Yo soy el autor del libro.

FORMAS IMPERSONALES

1. Los verbos que indican fenómenos atmosféricos se conjugan en 3.ª persona de singular: llueve, nieva, truena, graniza, diluvia; hace frío, calor, sol, viento…; hay nieve, niebla…

2. Se + 3.ª persona de singular (forma impersonal para ocultar el sujeto):

    En este restaurante se come muy bien.
    Se rumorea que no va a salir elegido.

3. Verbo en 3.ª persona de plural (forma impersonal para ocultar el sujeto):

    Decían que iba a dimitir de su cargo.
    Durante la guerra, según cuentan, había mucha miseria.

4. Verbo en 2.ª persona (singular o plural):

    Aquí, por mucho que estudies, no apruebas.
    Lo tenéis delante y no lo creéis.

5. Verbo en primera persona de plural:

> **Hemos** avanzado mucho en prestaciones sociales.

6. Verbos hacer, haber, gramaticalizados:

> **Hace** años que no te veía.

> **Hay** que tener mucho cuidado.

7. Palabras imprecisas, tales como la gente, uno, mi menda...

> Llega un momento en que **uno** no sabe qué hacer.
> **La gente** ya no se conforma con cualquier cosa.

LA CONSTRUCCIÓN IMPERSONAL CON *SE*

Además de los procedimientos ya vistos (verbos en tercera persona, empleo de palabras como uno, gente, alguien, etc.) en español se utilizan:

a. Se + verbo en 3.ª persona de singular + complemento verbal:

> Aquí se vive bien.
> En verano se trabaja menos.

b. Se + verbo transitivo en 3.ª persona singular + objeto directo de cosa:

> Se traspasa este local.

c. Se + verbo transitivo en 3.ª persona de singular + complemento directo de persona (que, normalmente, lleva la preposición a):

> Se detuvo al delincuente.
> Se operará a este enfermo.

d. Se + verbo transitivo en 3.ª persona de singular + oración subordinada sustantiva:

> Se ve que tienes hambre todavía.
> Se rumorea que le ha tocado la lotería.

Lo tratado en este capítulo se encuentra en ESPAÑOL 2000,
Nivel medio: págs. 79, 80, 81 y 84.
Nivel superior: pág. 175.

17. Del artículo

EL ARTÍCULO

El artículo se antepone a cualquier palabra que tenga carácter sustantivo para indicar su género y su número. Puede ser determinado o indeterminado.

El artículo determinado se antepone al sustantivo para limitar la extensión de su significado, y para indicar que lo señalado es específico o conocido para el hablante y para el oyente:

> He dejado **el** coche delante de **la** cafetería.
> **Los** niños se han comido **las** galletas.

El artículo indeterminado indica que el sustantivo al que acompaña es indiferente o desconocido para el hablante y para el oyente:

> Con **un** café y **una** tostada, tengo suficiente.
> Vi **unos** caballos con **unas** manchas marrones.

FORMAS DEL ARTÍCULO

Artículo determinado	Masculino	Femenino	Neutro
Singular	el	la	lo
Plural	los	las	—
Artículo indeterminado			
Singular	un	una	—
Plural	unos	unas	—

Contracción del artículo

El artículo determinado, en masculino singular, admite las contracciones con las preposiciones a y de:

a + el = **al**
Vamos **al** teatro

de + el = **del**
Venimos **del** cine

CONCORDANCIA

Tanto el artículo determinado como el indeterminado concuerdan en género y número con el sustantivo al que acompañan:

un libro	unos libros	una mesa	unas mesas
el disco	los discos	la máquina	las máquinas

El artículo determinado la se transforma en el ante sustantivos femeninos que empiezan por a o ha tónicas, en singular:

el alma	el agua	el hacha	el habla

En plural no hay cambio:

las almas	las aguas	las hachas	las hablas

El artículo indeterminado una se convierte en un en los mismos casos:

un águila	un arca	un haya	un hada
unas águilas	unas arcas	unas hayas	unas hadas

La interposición de cualquier palabra entre el artículo y el sustantivo obliga al uso de la: la fría agua. Asimismo, en los gentilicios: la árabe, y en determinados topónimos: La Haya. Delante de las letras h y a, de los nombres propios de mujer y de las siglas que empiezan por a tónica y son femeninas se emplea la: la a, la Ana, la AFE (Asociación de Futbolistas Españoles).

USOS Y VALORES

El artículo **determinado** tiene una activa presencia delante del sustantivo, salvo que éste vaya especificado por cualquier otro determinante (demostrativo, posesivo, indefinido, etc.).

- Acompaña, normalmente, al sujeto y al complemento directo de la oración:

     La cocinera corta las chuletas.
     El jardinero riega los rosales.

- Se usa acompañando al atributo del verbo ser cuando tiene carácter identificador:

     Pedro es el vicedecano.
     Estos hombres son los testigos.

- También acompaña a los nombres no contables en singular, tanto en su papel de sujetos, como de complementos directos de la oración:

     El alcohol puede producir cirrosis.
     Cómete la carne que te he preparado.

- El artículo determinado puede anteponerse a:

un sustantivo:	El barco es muy grande.
un infinitivo sustantivado:	El leer es instructivo.
un adjetivo o participio, sustantivados:	Me molesta lo dulce. Prefiero lo salado.
una oración adjetiva o de relativo:	El que no estudies me desespera.
un adverbio:	El sí de las niñas.

- El artículo **indeterminado** individualiza, sin especificarlo, tanto al sujeto como al complemento directo de la oración:

  Un coche derrapó sobre el asfalto.
  He comprado unas patatas fritas.

- También individualiza al atributo del verbo ser cuando éste indica profesión, oficio, nacionalidad, etc.:

  Es un conocido escritor.
  Mi mejor amigo es un escocés.

- La omisión del artículo indeterminado ante el complemento directo le concede una significación generalizadora:

  Hemos comprado cazadoras en Rusia.

- En cambio, ante atributos del verbo ser, la omisión del indeterminado aporta un carácter identificador:

  Mi hermano es alpinista.

- El artículo indeterminado coincide, en su forma, con el numeral y con el indefinido:

  Debajo de la mesa encontré un paquete (uno, no dos).
  Tuve un (cierto) coche que no me daba más que problemas.

El artículo neutro *lo*

Al no existir en español sustantivos neutros, el artículo lo nunca acompaña al sustantivo como tal. Sirve para manifestar la condición de sustantivos de clases de palabras que, en principio, no lo son:

  Lo antiguo me gusta más que lo actual.
  No me parece nada mal lo que dices.
  ¡Lo mucho que gana y lo poco que trabaja!

Lo + (adjetivo + que), (adverbio + que), (participio), (posesivos), (expresiones fijas):

> Lo amable que eres.
> Lo bien que estás.
> Lo acabado ya está revisado.
> Lo mío es viajar.
> Eso es lo de menos.

USOS ESPECÍFICOS DEL ARTÍCULO

a. Ante nombre propio de persona

En general los nombres propios de persona no van precedidos de artículo, pero existen algunas excepciones:

- Nombres y apellidos, cuando se hace referencia a un conjunto de personas que los tienen en común:

> Los Fernández han venido a vernos.
> ¿Fueron unos Rodríguez los dueños de esto?

Obsérvese que el apellido se mantiene en singular, a no ser que se trate de dinastías o nombres ilustres:

> La casa de los Borbones.

- Nombres de personajes famosos, cuando se aplican a otras personas:

> Se ha convertido en el Napoleón del siglo xx.
> Estás hecho un Indiana Jones.

- Nombres de mujeres famosas en el mundo del cine o del espectáculo:

> La Caballé dará un recital en Oviedo.

- Nombres de obras literarias o artísticas, designadas por el apellido de sus autores. Cuando se trate de pintura o escultura, se admite que el nombre se escriba con minúscula:

> En su colección figura un picasso.
> Habrá que consultar el Casares.

- En el habla coloquial, a veces, se enfatiza la referencia a una persona concreta:

> La María.

- Por influencia del catalán aparece ante los nombres propios:

> El Antonio.

b. Ante nombre propio de lugar

Tampoco los nombres propios de lugar suelen llevar artículo. Las excepciones son:

- Los nombres de montes, ríos, volcanes, etc., en los que el nombre común se sobreentiende:

  Los países bañados por el Mediterráneo.

- En ciertos casos, el artículo forma parte del nombre propio:

  Hemos veraneado en La Rioja.

- También llevan artículo los nombres propios geográficos, cuando van acompañados de complementos distintivos:

  La España de finales de siglo.

- Los nombres de lugar, cuando se refieren a la denominación de un equipo deportivo local:

  El Madrid ha vuelto a empatar.

c. El artículo a veces puede tener un valor enfático en determinados contextos:

  No te puedes imaginar la gente que hubo = Hubo mucha.

- El artículo la forma con la preposición de una especie de locución muy frecuente en el coloquio:

  ¡La de golpes que dieron!

AUSENCIA DEL ARTÍCULO

- En función de vocativo, el nombre no lleva artículo: ¡Atiende, niño!
- Los nombres de los meses del año suelen utilizarse sin artículo:

  Os espero el próximo mes de octubre.

- En frases en las que los días de la semana no funcionan como sujeto (El martes te espero), se omite el artículo:

  Mañana es jueves porque hoy es miércoles.

- El artículo indeterminado no se antepone a las formas medio y otro:

  ¿Quiere usted otra taza de café?

Lo estudiado en este capítulo se encuentra en ESPAÑOL 2000,
Nivel elemental: pág. 24.
Nivel superior: pág. 25.

18. Del sustantivo

EL SUSTANTIVO

El nombre sustantivo **común** es el que sirve para designar a las personas, los animales y las cosas:

> El hombre, el niño, la vaca, el león, el libro, la montaña.

El nombre sustantivo **propio** es el que sirve para individualizar o particularizar las diferentes versiones de una misma clase, especie o género de la realidad:

> Tomás, Segovia, Velázquez, Asia.

GÉNERO NATURAL Y GÉNERO GRAMATICAL

El género natural (masculino/femenino) se representa en español:

a. Masculino en **-o**, femenino en **-a**:

> Niño, niña.   Perro, perra.

b. Masculino en **-e**, femenino en **-a**:

> Presidente, presidenta.   Monje, monja.

c. Masculino en consonante, femenino en **-a**:

> León, leona.   Francés, francesa.   Pastor, pastora.

d. Con palabras distintas en masculino y femenino (heteronimia):

> Hombre, mujer.   Caballo, yegua.   Macho, hembra.

e. Añadiendo **macho** o **hembra**:

> Rata macho/hembra.

f. Con la misma forma para ambos géneros. El masculino y el femenino se distinguen por el género del determinante que los acompaña:

> El pianista, la pianista.   El oyente, la oyente.

Algunos nombres que designan profesión no cambian la terminación (o > a, e > a): el/la médico, sargento, estudiante; ni añaden -a cuando estos acaban en consonante: el/la coronel, fiscal.

Por el género gramatical, los sustantivos se dividen en masculinos y femeninos. El género neutro no existe en la categoría de sustantivo.

El género gramatical es completamente arbitrario y puede representarse bajo las normas siguientes:

- Los nombres acabados en vocal pueden ser masculinos o femeninos:

  Los acabados en -a son generalmente femeninos: falda, fiesta..., pero las excepciones son numerosas:

  > el clima, el drama, el enigma, el problema, el sistema...

  Los acabados en -e son, en su mayoría, masculinos, aunque también existen muchas excepciones:

  > el apéndice, el cine, el coche, el paquete...

  pero:

  > la costumbre, la nieve, la nube, la torre...

  Los terminados en -i o -u son, en general, masculinos: jabalí, safari, Perú..., pero existen excepciones, como la tribu.

  Los acabados en -o son, casi siempre, masculinos: carro, empleo, polvo, saco...
  Excepciones: la foto, la dinamo, la mano, la nao, la seo...

- Actualmente existe una tendencia muy marcada a adoptar formas en -a para los nombres que indican cargo o profesión:

  > la concejala, la jueza, la ministra, la dependienta...

- Los nombres terminados en consonante pueden ser, indistintamente, masculinos o femeninos, aunque tienden hacia el género masculino:

-d:	El abad, el caíd.	La ciudad, la verdad.
-j:	El carcaj, el reloj.	La troj.
-l:	El árbol, el cartel, el abedul.	La cárcel, la miel, la piel.
-n:	El corazón, el melón.	La razón, la sartén.
-r:	El calor, el horror.	La flor, la mujer.
-s:	El autobús, el atlas, el coxis.	La bilis, la crisis, la mies.
-t:	El déficit, el superávit.	
-x:	El clímax, el fax.	
-z:	El pez, el arroz.	La paz, la luz.

El género de los nombres compuestos

1. Pertenecen al género masculino:

   - Cuando el compuesto está formado por un verbo y por un nombre, tanto en plural como en singular:

     El guardarropa, el rascacielos, el guardaespaldas.

   - Cuando está formado por dos o más verbos:

     El vaivén, el correveidile.

2. El nombre impone su género cuando en el compuesto aparece una palabra invariable (adverbio, preposición, conjunción):

   La contraseña, el antebrazo, la antesala.

3. El género del segundo nombre predomina cuando el compuesto está formado por dos nombres:

   La videocasete, la bocacalle, el capisayo.

4. Cuando el compuesto designa a una persona, su género dependerá del sexo de la persona a la que se haga referencia:

   El/la/los/las lavacoches.

Palabras cuyo significado se determina por el género

No se trata de sustantivos que admitan los dos géneros, sino de palabras que, al cambiar de género, cambian también de significado:

el capital (cantidad de dinero; riqueza)	la capital (ciudad principal de un país)
el clave (instrumento musical)	la clave (código; explicación)
el cólera (enfermedad)	la cólera (sentimiento de ira)
el cometa (astro)	la cometa (juguete)
el corte (acción de cortar)	la corte (personas que rodean a un rey)
el frente (campo de batalla)	la frente (parte del rostro)
el margen (espacio en general)	la margen (orilla del río)
el parte (informe; comunicación)	la parte (porción; sector)
el orden (colocación, serie)	la orden (mandato, norma)
el pendiente (adorno, joya)	la pendiente (cuesta)
el pez (animal acuático)	la pez (sustancia pegajosa)
el trompeta (el que la toca)	la trompeta (instrumento)

- Árbol y fruto: el manzano → la manzana; el cerezo → la cereza; el naranjo → la naranja

PALABRAS CON INCREMENTO EN EL SIGNIFICANTE

Una serie de sustantivos presentan un incremento en el significante al formar el género femenino a partir del masculino:

alcalde	⇒	alcaldesa	actor	⇒	actriz
abad	⇒	abadesa	jabalí	⇒	jabalina
gallo	⇒	gallina	Papa	⇒	Papisa
héroe	⇒	heroína	sacerdote	⇒	sacerdotisa
rey	⇒	reina	barón	⇒	baronesa

EL NÚMERO

El número (singular o plural) afecta por igual a todos los sustantivos. Para formar el plural (también el de los adjetivos) se añade al singular -s o -es.

Como norma general, se añade -s al singular de las palabras terminadas en vocal átona, y se agrega -es al de las palabras acabadas en consonante:

espada	⇒	espadas	error	⇒	errores
gente	⇒	gentes	árbol	⇒	árboles
espejo	⇒	espejos	ciudad	⇒	ciudades

Las palabras acabadas en -z cambian ésta por c al adoptar el plural:

paz	⇒	paces	luz	⇒	luces

En los monosílabos y polisílabos agudos acabados en -ay, -ey, -oy, se añade -es o -s:

ley	⇒	leyes	convoy	⇒	convoyes
jersey	⇒	jerséis	guiriay	⇒	guirigáis

PALABRAS ACABADAS EN VOCAL TÓNICA

En estas palabras se tiende actualmente a formar el plural como si se tratase de vocal átona:

café	⇒	cafés	jabalí	⇒	jabalís
bisturí	⇒	bisturís	mamá	⇒	mamás
esquí	⇒	esquís	sofá	⇒	sofás
canesú	⇒	canesús	dominó	⇒	dominós

Sin embargo, en las acabadas, sobre todo, en -í, -ú tónicas, la tendencia era añadir -es o -s:

alhelí	⇒	alhelíes o alhelís
tabú	⇒	tabúes o tabús

En la actualidad, en los nombres más utilizados, la tendencia es añadir -s:

pirulí	⇒	pirulís
telesquí	⇒	telesquís
menú	⇒	menús
champú	⇒	champús

Los monosílabos (yo, sí, no) y las vocales (a, o, i, u) forman el plural de la siguiente forma: yoes, síes, noes, aes, oes, íes y úes. La vocal e forma su plural en es o ees, siendo más recomendable es.

PALABRAS ACABADAS EN CONSONANTE

a. Los sustantivos monosílabos y los polisílabos agudos forman el plural añadiendo -es al singular:

reloj ⇒ relojes	país ⇒ países	autobús ⇒ autobuses
pan ⇒ panes	sol ⇒ soles	revés ⇒ reveses

b. Los polisílabos no agudos acabados en -s, -x no varían en la forma del plural:

los atlas, los brindis, los énfasis, los jueves, los tifus, los clímax.

c. Los sustantivos terminados en -d, -l, -n, -r, -x, -z, no agrupados con otras consonantes, forman el plural añadiendo -es al singular:

los abades, las cárceles, los resúmenes, los temores, los faxes, los arroces.

d. Algunos sustantivos sólo existen en plural. Su forma singular no existe o no se usa:

exequias, víveres, nupcias...

Existe un grupo de sustantivos que, pese a su forma singular, sólo se usan en plural:

tijeras, pantalones, gafas...

e. Las palabras de origen latino que, en la tradición académica, no se usaban en la forma plural: el/los déficit, el/los ultimátum, el *Diccionario Panhispánico de Dudas* recomienda su uso: los superávits, los vademécums...

f. Carácter, espécimen y régimen cambian la acentuación al formar el plural:

caracteres, especímenes y regímenes.

PLURAL DE LOS NOMBRES COMPUESTOS

Forman el plural según la cohesión de sus elementos:

- En el último elemento: portafolios, parachoques…
- En el primer elemento: casas cuna, hombres rana, coches cama…
- En ambos elementos: guardiasciviles, ricashembras…

Cuando el compuesto adopta forma plural, el número lo realiza por medio del determinante:

> los guardamuebles, estos limpiaparabrisas…, frente al singular
> el guardamuebles, este limpiaparabrisas.

PLURAL DE LOS NOMBRES PROPIOS

Los nombres propios de persona y lugar carecen de plural, aunque —como se vio en el capítulo anterior— pueden pluralizarse los apellidos de linajes o dinastías:

> El Madrid de los Austrias.

Y los nombres de pintores o escultores famosos, aplicados a sus obras:

> En el Museo del Prado hay goyas y murillos.

REGULARIZACIÓN DE LOS NEOLOGISMOS

Los neologismos forman, en general, el plural, siguiendo las reglas de la lengua española:

> álbum ⟹ álbumes

Aunque en algunos de reciente adopción, puede existir vacilación:

> club ⟹ clubs/clubes

Si acaban en consonante que no sea d, l, n, r, s, x o z, tienden a formar el plural añadiendo -s, -es, o permanecen invariables:

> staff-s, shock-s, compact disc-s, boom-s, market-s, bistec-s, clip-s, esnob-s.
> fax-es, club-es, vivaques.
> los kibutz, los test, los karst.

> compló-s, chalé-s, esquí-s, estándar-es, flash-es, parquin-s, párquin-es es la tendencia natural del español, una vez regularizado el neologismo según las leyes fonéticas del español.

> La Academia acepta la invariabilidad morfológica en la formación del plural para las palabras esdrújulas:

> el/los cáterin < catering, el/los trávelin < traveling, el/los ómnibus, el/los mánager.

En los nombres de origen grecolatino, la norma académica, a partir del *Diccionario Panhispánico de Dudas*, aconseja, si acaban en consonante, que sigan las directrices que rigen para los préstamos de otras lenguas:

hábitat → hábitats, factótum → factótums, ítem → ítems, superávit → superávits, tedeum → tedeums.

Regularización de nombres extranjeros

	PRONUNCIACIÓN	PLURAL
Boulevard	bulevar	bulevares
Bidet	bidé	bidés
Cabaret	cabaré	cabarés
Carnet	carné	carnés
Clown	clon	clones
Cocktail	cóctel	cócteles
Complot	compló	complós
Curriculum	currículo	currículos
Chalet	chalé	chalés
Film	filme	filmes
Lord	lor	lores
Penalty	penalti	penaltis
Spaghetti	espagueti	espaguetis
Slogan	eslogan	eslóganes
Stadium	estadio	estadios
Vermut	vermú	vermús
Yogourth	yogur	yogures

El plural de las abreviaturas se forma añadiendo -s:

pág. ⇒ págs.   Sr. ⇒ Sres.   Ud. ⇒ Uds.

Las abreviaturas del sistema métrico permanecen invariables:

cm (centímetros)   km (kilómetros)

Para formar el plural de las siglas se duplican las consonantes o se deja invariable y se marca por los determinantes:

EE.UU. (Estados Unidos)   AA.VV. (Autores Varios)
los/estos CD   las ONG

Lo estudiado en este capítulo se encuentra en **ESPAÑOL 2000**,

Nivel elemental: págs. 17, 21, 24, 25 y 49.

Nivel medio: págs. 140 y 218.

19. De la formación de las palabras

LA PALABRA: FORMACIÓN

La palabra es la mínima secuencia de segmentos dotada de significado y es susceptible de ser aislada mediante pausas:

> tú, ayer, sombrero, elegante, tempranísimo.

El morfema es la mínima sucesión de fonemas (ver capítulo 1) dotado de significación. Puede coincidir con la palabra, en cuyo caso se habla de palabras radicales:

> con,   el,   de,   fe.

El morfema es parte de la palabra: plum-ero.
Los morfemas derivativos, también llamados sufijos, afectan a la significación de la palabra y forman series abiertas:

> niñero, chiquitín.

Los morfemas flexivos, también llamados desinencias, indican la categoría gramatical de la palabra y sus variantes formales; constituyen series cerradas:

> como, comes; niño, niños.

COMPOSICIÓN

Se da el fenómeno de la composición cuando dos (o más) palabras se unen para formar otra:

> quienquiera, tampoco, tragaperras, veintidós, vinagre.

Los compuestos propios tienden a ser formaciones léxicas: bocamanga.

Los compuestos impropios tienen carácter sintáctico, porque en ellos intervienen más de dos palabras: correveidile.

Los prefijos (morfemas que se sitúan delante de la palabra) tienen mayor autonomía que los sufijos (morfemas que se colocan detrás de la palabra):

hipermercado   entresacar   navegación   malagueño

DERIVACIÓN

Se da el fenómeno de la derivación cuando una palabra se obtiene añadiendo a otra un sufijo:

amar ⟹ am-able
pata ⟹ pat-ada

PARASÍNTESIS

Es un proceso de formación de palabras en el que entran a formar parte la composición y la derivación:

desalmado: des + alma + ado
narcotraficante: narco + tráfico + ante

LA COMPOSICIÓN: FASES

La composición de la palabra ofrece tres fases principales:

a. Composición en sentido propio. Principio fundamental: dos o más palabras se juntan para formar una nueva.

   1. Composición de tipo latino: todopoderoso, traducción docta de omnipotente; de tipo griego: vocal o en lugar de la i latina: litografía.
   2. Compuesta por unidades semánticas, de determinante a determinado y por su función: a sabiendas, barbilampiño.
   3. Componentes de independencia en la frase: ojo de buey.
   4. Composición coordinativa: coliflor.
   5. Composición subordinativa: apagavelas, matasuegras.
   6. Componentes adjetivos: agridulce.
   7. Dos sustantivos: carricoche.
   8. Adjetivo y sustantivo: minifalda, minitrén, alicorto.
   9. Verbo y sustantivo: quitasol, tornaboda.
   10. Adverbio y verbo: bendecir, malcasar.
   11. Adverbio y sustantivo: malandanza.
   12. Adverbio y conjunción: aunque.

13. Conjunción y verbo: siquiera, vaivén.
14. Frase hecha: bienmesabe, correveidile.
15. Dos nombres propios: Mari Blanca, Mari Carmen.

La unión de nombre + nombre da como resultado un nombre compuesto en el que sus componentes mantienen su respectiva identidad: casa cuna, hombre rana.

b. Fase prefijal:

1. Por preposiciones o prefijos separables: anteponer, posponer, entretela, entreacto.

2. Por prefijos propiamente dichos o elementos inseparables que no tienen uso fuera de la composición: a, an, ab, abs, ad, ana, anfi, archi, bis, circum, circun, cis, citra, deci, de, di, en, epi, equi, ex, extra, hiper, hipo, in, inter, meta, miria, mono, ob, per, peri, pos, pre, pro, proto, re, res, super, trans, ultra: aparecer, abjurar, admirar, abstraer, circunvecino, cisalpino, obtener, permitir, superfluo.

c. Fase de composición parasintética: Se trata de la palabra formada por composición y derivación: paniaguado, pordiosero (por + Dios + sufijo -ero), aprisionar (prefijo a + prisión + sufijo -ar), endulzar (en + dulce + ar).

Los parasintéticos no deben confundirse con los derivados de palabras compuestas: subdiaconado compuesto de subdiácono, subdesarrollado de sub y desarrollo.

El mayor número de parasintéticos se da en los verbos compuestos de prefijos: descuartizar, ensoberbecer, descabezar, ensimismar, sonrojar. Se llama también parasintética la composición de dos palabras con un sufijo sin que exista el grupo previo de las dos palabras, como ropavejero y misacantano.

Es muy corriente y curiosa la composición por reduplicación, en la que el segundo miembro suele ser como un eco o imitación del primero: tiquis miquis, a troche y moche.

RAÍCES PREFIJAS

a-, an-	: privación o negación.	ateo, anovulatorio.
acro-	: alto, parte superior.	acróbata, acrópolis.
aero-	: relativo al aire.	aerostático, aeropuerto.
ante-	: anterioridad.	antediluviano, anteponer.
anti-	: oposición.	antibiótico, anticonceptivo.
antropo-	: relativo al hombre.	antropófago, antropología.
auto-	: por sí mismo.	autarquía, autorretrato.

biblio-	: relativo a los libros.	bibliografía, biblioteca.
bio-	: vida.	biología, biosfera.
braqui-	: corto, breve.	braquicéfalo, braquigrafía.
caco-	: malo.	cacofonía, cacografía.
circun-	: alrededor.	circunferencia, circunloquio.
co-, con-	: asociación.	confraternizar, coeditor.
contra-	: oposición.	contraguerrilla, contraponer.
cosmo-	: universo.	cosmonauta, cosmopolita.
cripto-	: oculto.	cripta, criptografía.
cromo-	: color.	cromático, cromosoma.
crono-	: tiempo.	cronómetro, cronológico.
de-, des-	: negación.	depreciado, desamortizar.
deca-	: diez.	decálogo, décimo.
demo-	: pueblo, población.	democracia, demografía.
dinamo-	: fuerza.	dinámico, dinamita.
en-, em-	: acción en.	enterrar, empaquetar.
entre-	: situación intermedia.	entrecruzar, entrever.
ex-	: fuera.	externo, exterior.
ex-	: lo que ha sido y ya no es.	exalumno, expresidente.
fono-	: sonido.	fonógrafo, fonema.
foto-	: luz.	fotografía, fotosíntesis.
gastr-	: estómago.	gástrico, gastroenteritis.
gin-	: femenino.	gineceo, ginecólogo.
hecto-	: cien.	hectómetro, hectolitro.
helio-	: sol.	heliógrafo, heliotropo.
hemo-	: sangre.	hemofilia, hemorragia.
hetero-	: distinto.	heterodoxo, heterogéneo.
hiper-	: superioridad, exceso.	hipermercado, hipertensión.
hipo-	: interioridad, falta de.	hipocentro, hipotenso.
homo-	: igual.	homologar, homogéneo.
icono-	: imagen.	iconografía, iconoclasta.
in-, im-	: negación, carencia.	incomprensible, imposible.
infra-	: por debajo de.	infrarrojo, infrahumano.
inter-	: entre.	interurbano, intercambio.
intra-	: interno.	intramuros, intravenoso.
macro-	: grande.	macrocéfalo, macroeconomía.
maxi-	: grande.	maxifalda, maximizar.
micro-	: pequeño.	microbio, microscopio.
multi-	: muchos.	multitud, multiplicar.
neo-	: nuevo.	neologismo, neonato.
omni-	: todo.	omnipresente, omnímodo.

penta-	: cinco.	pentagrama, pentágono.
pluri-	: varios.	plural, pluriempleo.
poli-	: mucho.	polifacético, polivante.
pos-, post-	: posterioridad.	posbélico, postguerra.
pre-	: anterioridad.	prejuicio, prenatal.
pro-	: por; delante.	pronombre, proponer.
psico-	: mente, alma.	psicología, psicosis.
pseudo-	: falso.	pseudópodo, pseudónimo.
re-	: otra vez, repetición.	reeditar, reconsiderar.
retro-	: hacia atrás.	retrotraer, retroalimentar.
su-, sub-	: por debajo, inferior.	sumergir, subestimar.
super-	: encima.	superior, superhombre.
supra-	: por encima.	suprarrenal, supremacía.
tele-	: lejos.	teléfono, televisión.
trans-	: más allá.	transatlántico, transporte.
ultra-	: extremadamente.	ultravioleta, ultraconservador.
vice-	: en lugar de.	vicepresidente, vicealmirante.

SUFIJOS CULTOS

-algia	: dolor.	cefalalgia, neuralgia.
-arquía	: gobierno.	monarquía, anarquía.
-céfalo	: cabeza.	bicéfalo, braquicéfalo.
-cracia	: mando.	democracia, plutocracia.
-dromo	: carrera.	hipódromo, velódromo.
-filia	: afición.	germanofilia, halterofilia.
-fobia	: odio.	hidrofobia, fotofobia.
-fonía	: sonido.	megafonía, psicofonía.
-gamia	: matrimonio.	endogamia, monogamia.
-geno	: engendrar.	exógeno, cancerígeno.
-lito	: piedra.	monolito, paleolítico.
-mancia	: adivinación.	cartomancia, quiromancia.
-oide	: de forma de.	asteroide, humanoide.
-patía	: enfermedad.	homeopatía, cardiopatía.
-scopio	: mirar.	microscopio, telescopio.
-teca	: caja.	biblioteca, hemeroteca.
-tecnia	: ciencia, técnica.	electrotecnia, mercadotecnia.
-terapia	: curación.	fisioterapia, radioterapia.
-tipia	: modelo.	fototipia, linotipia.
-tomía	: corte.	dicotomía, viscerotomía.

SUFIJOS ESPAÑOLES

Cualidad

-ancia	: abundancia, tolerancia.
-anza	: bonanza, templanza.
-dad	: caridad, temeridad.
-edad	: soledad, cortedad.
-encia	: inocencia, decencia.
-eria	: miseria, histeria.
-idad	: comodidad, hospitalidad.
-ismo	: conformismo, intimismo.
-ón	: compasión, conciliación.
-ud	: laxitud, virtud.

Acción

-ación	: oración, dejación.
-ada	: acampada, sentada.
-adura	: andadura, tomadura.
-aje	: aprendizaje, hospedaje.
-amiento	: alejamiento, asentamiento.
-ancia	: estancia, concordancia.
-e	: canje, despliegue.
-edura	: torcedura, cocedura.
-encia	: suplencia, reverencia.
-esión	: cesión, represión.
-exión	: conexión, flexión.
-ez	: altivez, estupidez.
-ición	: medición, petición.
-imiento	: corrimiento, sometimiento.
-o	: canto, estudio.
-or	: fulgor, estertor.

Lugar o recipiente

-adero	: embarcadero, secadero.
-ado	: entoldado, emparrado.
-ar	: hangar, muladar.
-ario	: campanario, estuario.
-edor	: comedor, recibidor.
-ento	: asentamiento, aparcamiento.
-era	: escombrera, papelera.
-ería	: portería, conserjería.

-ero   : cenicero, lavadero.
-ía   : sacristía, secretaría.

Conjunto, colectividad

-ada   : manada, mesnada.
-ado   : alumnado, alumbrado.
-al   : robledal, barrizal.
-amen   : maderamen, velamen.
-ar   : centenar, millar, encinar.
-eda   : alameda, castañeda.
-edo   : hayedo, robledo.
-erío   : caserío, mujerío.
-ud   : multitud, juventud.

SUFIJACIÓN DE ADJETIVOS

Relativo a

-al, -ar   : ministerial, circular.
-an(o), -iano : alemán, humano, asturiano.
-ario   : legionario, visionario.
-ativo   : nativo, especulativo.
-atorio   : natatorio, suplicatorio.
-ense   : almeriense, londinense.
-eño   : congoleño, risueño.
-ero   : panadero, montañero.
-és   : coruñés, escocés.
-í   : marroquí, israelí.
-il   : varonil, conejil.
-ino   : parisino, divino.
-ista   : modista, economista.
-itivo   : expeditivo, vomitivo.
-itorio   : meritorio, petitorio.

Que posee una cosa o tiene aspecto de ella

-ado   : azulado, adinerado.
-ento   : violento, amarillento.
-iento   : hambriento, sediento.
-izo   : cobrizo, enfermizo.
-ón   : hambrón, cincuentón.
-udo   : cachazudo, barrigudo.

Que realiza la acción

-adizo	: asustadizo, huidizo.
-ador	: mediador, espectador.
-ante	: caminante, entrante.
-edizo	: corredizo, advenedizo.
-edor	: vendedor, valedor.
-ente	: oyente, presente.
-ero	: tapicero, camillero.
-idor	: inquisidor, bruñidor.
-iente	: saliente, dependiente.
-ón	: comilón, llorón.
-oso	: lluvioso, deseoso.

Que puede sufrir la acción

-able	: operable, considerable.
-adero	: llevadero, aparcadero.
-edero	: perecedero, comedero.
-ible	: posible, comestible.
-idero	: venidero, dormidero.

PARTICULARIDADES DE ALGUNOS PREFIJOS

A-/an-: Se usa a- cuando la palabra comienza por consonante (ateo) y an- cuando empieza por vocal (anovulatorio).

Im-/in-/i-: Se utiliza im- ante palabras que comienzan por b- y p- (imposible, imbebible); in- ante palabras que no comienzan por b-, p-, r- y l- (incomparable, inaceptable), e i- ante palabras que comienzan por r- y l- (ilegible).

De-/dis-/des-: De- se usa ante consonante (degenerar); dis- ante consonante (disculpar), y des- ante vocal y consonante (desautorizar, descomponer).

Lo estudiado en este capítulo se encuentra en ESPAÑOL 2000,
Nivel medio: págs. 105, 121, 122, 149 y 208.
Nivel superior: págs. 22, 27, 43, 62, 80, 98, 99, 116, 117, 118, 140, 141, 191, 218, 219, 220.

20. Del adjetivo calificativo

EL ADJETIVO CALIFICATIVO

Es la parte de la oración que acompaña al nombre para poner de manifiesto sus atributos.

> La casa grande.   El hombre triste.   Los perros negros.

Puede aparecer de las formas siguientes:

- En posición inmediata al nombre (antepuesto o pospuesto):

  La nieve blanca.   La blanca nieve.

- En posición coordinada:

  Los niños alegres y confiados.

- Agrupado con un artículo o pronombre, que remiten a un sustantivo expresado con anterioridad:

  Me gustan el color azul y el amarillo.

  El coche de Paco es pequeño y el mío, grande.

- Agrupado con la forma lo:

  Lo malo de este asunto es su difícil solución.

MORFEMAS DE CONCORDANCIA

La incidencia del adjetivo sobre el sustantivo se manifiesta en la concordancia. Las formas flexionales del adjetivo son meras variantes combinatorias porque sus formas de concordancia no repiten el contenido masculino/femenino o singular/plural, sino que presentan una función sintáctica:

> Casa blanca : casas blancas.
> Muro negro : muros negros.

Género

En cuanto al género, los adjetivos presentan esencialmente dos formas:

a. Variables

Esencialmente: -o/-a: bueno/buena
              consonante/-a: holgazán/holgazana

Pertenecen a este grupo algunos derivados en -ote, -ete, -án, -ín, -ón, -dor y los gentilicios acabados en consonante:

grandote/grandota   andaluz/andaluza
pequeñín/pequeñina   albanés/albanesa
comodón/comodona   bretón/bretona
bailador/bailadora   irlandés/irlandesa

b. Invariables

Por regla general, no cambian de forma los adjetivos masculinos acabados en:

-a:	hipócrita, sibarita.	-ente:	suficiente, paciente.
-e:	fuerte, miserable.	-ez:	soez, amarillez.
-í:	baladí, sefardí.	-ial:	material, imperial.
-ú:	zulú, hindú.	-iente:	naciente, saliente.
-al:	ideal, subliminal.	-iel:	infiel, fiel.
-ante:	cantante, brillante.	-il:	hábil, imbécil.
-ar:	militar, impar.	-ista:	realista, simplista.
-az:	locuaz, montaraz.	-iz:	aprendiz, infeliz.
-ble:	amable, afable.	-oz:	veloz, precoz.
-ense:	almeriense, forense.		

Tampoco varían los comparativos léxicos: inferior, mayor, mejor, peor...

Número

El número del adjetivo coincide, en líneas generales, con el del sustantivo:

- Añaden -s los acabados en vocal, excepto í o ú tónicas:

cavernícola : cavernícolas
fuerte   : fuertes
cursi   : cursis   pero ceutí : ceutíes
sabio   : sabios   zulú : zulúes

- Añaden -es los acabados en consonante o en í o ú tónicas:

azul: azules   haragán: haraganes
magrebí: magrebíes   hindú :   hindúes

La recomendación académica para la formación del plural de los gentilicios acabados en vocal tónica (í, ú) es añadir -es:

malí	⇒	malíes	iraní	⇒	iraníes
bantú	⇒	bantúes	uagadugú	⇒	uagadugúes

- Los acabados en -es no agudos son invariables:

rubiales, isósceles, mochales…

CLASIFICACIÓN MORFOLÓGICA

Los adjetivos pueden ser:

- simples : alto, dulce, rojo, simpático…
- compuestos : verdinegro, pelirrojo, agridulce, cabizbajo…
- primitivos : sencillo, difícil, lento…
- derivados : -oso : odioso, temeroso…
  - -ano : africano, antediluviano…
  - -ero : mensajero, pendenciero…
  - -able : admirable, rechazable…
  - -ido : querido, estúpido…

CLASIFICACIÓN SEMÁNTICA

El adjetivo calificativo expresa alguna cualidad semántica interna o externa del objeto aludido por el sustantivo. Siguiendo a Navas Ruiz (En torno a la clasificación del adjetivo) se pueden distinguir:

- clasificadores : español, católico, vegetariano…
- cualitativos : bueno, antipático, tímido, imprudente…
- de estado : enfermo, alegre, soltero, nervioso…
- verbales : emprendedor, estudioso, envidiable…
- situacionales de espacio o tiempo : cercano, reciente, lejano, remoto…
- situacionales de valoración : útil, barato, eficaz, atractivo…
- situacionales de cantidad : abundante, escaso, repleto, vacío…

CUANTIFICACIÓN DEL ADJETIVO

Nuestra gramática suele establecer la misma tripartición de la latina: positivo, comparativo y superlativo.
Salvador Fernández Ramírez propone —tomando como ejemplo el adjetivo blanco— la siguiente gradación:

blanco $\Rightarrow$ $\begin{vmatrix} \text{más blanco} \\ \text{igual de blanco} \\ \text{menos blanco} \end{vmatrix}$ $\Rightarrow$ muy blanco $\Rightarrow$ blanquísimo $\Rightarrow$ el más blanco.

Sin embargo, en dicha exposición no aparecen todas las posibilidades de la lengua, tales como:

casi blanco,   un poco blanco,   bastante blanco,   demasiado blanco...

Cuando los comparativos de igualdad o superioridad expresan la cualidad en alto grado, adquieren la condición de superlativos, si el término de la comparación posee esa cualidad:

Es más terco que una mula.
Sois tan rápidos como las ardillas.

En las comparaciones en las que el término es la propia cualidad, comparativo y superlativo se neutralizan:

Eres más tonto que tonto.

GRADACIÓN DEL ADJETIVO

La cuantificación puede expresarse lexemáticamente, pero los que se dan con mayor frecuencia son el superlativo y su contrario:

durable/caduco   pesado/ligero   rápido/lento

POSITIVO	COMPARATIVO	SUPERLATIVO
bueno	mejor	óptimo
malo	peor	pésimo
grande	mayor	máximo
pequeño	menor	mínimo
	interior	íntimo
	exterior	extremo
	superior	supremo
	inferior	ínfimo
	posterior	postremo
	anterior	
	citerior	
	ulterior	

Muchas de estas formas (interior, inferior, superior, ulterior...) no son verdaderos comparativos ni superlativos. No se dice superior o inferior que, sino superior o inferior a:

Juan es inferior a Pedro.

En la formación del superlativo debemos atender a la prefijación y a la sufijación:

- Prefijación:

archi-	: archisabido	requete-	: requeteguapa
extra-	: extraordinaria	sobre-	: sobresaliente
re-	: relimpio	super-	: supercómodo

- Sufijación:

-ísimo : agradabilísimo, feísimo, chulísimo
-érrimo : celebérrimo, paupérrimo, misérrimo

- Aspectos particulares:

Los adjetivos acabados en -ble forman el superlativo en -bilísimo:

noble: nobilísimo   amable: amabilísimo

Los acabados en io/ia pierden la i al formar el superlativo:

amplia: amplísima   sucio: sucísimo

Los acabados en ío/ía siguen la regla general y conservan la i:

frío: friísimo   vacía: vaciísima

Algunos adjetivos acabados en vocal:

blanca: blanquísima   larga: larguísima   torpe: torpísimo

Algunos adjetivos acabados en consonante:

joven: jovencísima   veloz: velocísimo

Las formas del superlativo irregular suelen ser latinas:

amicísimo   frigidísimo   ubérrimo

FORMA Y COLOCACIÓN DE ALGUNOS ADJETIVOS

	SINGULAR			PLURAL		
MASCULINO	alto	inglés	grande	altos	ingleses	grandes
FEMENINO	alta	inglesa	grande	altas	inglesas	grandes

Los adjetivos calificativos pueden colocarse indistintamente delante o detrás del sustantivo:

la nieve blanca	la blanca nieve
el sueño profundo	el profundo sueño

Pero ciertos adjetivos transforman el significado de la cualidad por el hecho de colocarse antes o después del nombre:

una alta cuna (nobleza)	una cuna alta (tamaño)
una cierta cosa (indefinida)	una cosa cierta (segura, verdadera)
una extraña persona (rara)	una persona extraña (desconocida)
un gran hombre (importante, famoso)	un hombre grande (corpulento)
un mal día (desafortunado)	un día malo (mal clima)
una nueva casa (otra distinta)	una casa nueva (recién construida)
un pobre hombre (de poca personalidad)	un hombre pobre (sin dinero)
un raro caso (poco frecuente)	un caso raro (extraño)
un simple estudiante (uno cualquiera)	un estudiante simple (de poca inteligencia)
una sola mujer (sólo una)	una mujer sola (sin acompañante)
un viejo amigo (amigo de mucho tiempo)	un amigo viejo (de avanzada edad)

Los adjetivos bueno, malo, primero y tercero pierden la o cuando van ante un sustantivo singular:

> Un año bueno : un buen año. Un chico malo : un mal chico.
> El piso primero: el primer piso. El siglo tercero : el tercer siglo.

El adjetivo grande se apocopa siempre delante de sustantivo (sea masculino o femenino):

> Un jardín grande: un gran jardín. Una tarta grande: una gran tarta.

El adjetivo santo se apocopa ante nombres del género masculino (San Gabriel, San Antonio), excepto ante aquellos nombres que comiencen por dental (d, t) seguida de o:

> Santo Domingo, Santo Toribio.

ADJETIVOS GENTILICIOS

Los adjetivos derivados de los nombres de localidades geográficas, razas, religiones o tendencias políticas pueden adoptar diversas terminaciones:

-a	: belga, vietnamita	-ín	: mallorquín, menorquín
-aco	: polaco, austriaco	-inés	: dublinés, pequinés
-án	: catalán, musulmán	-io	: canario, libio
-ano	: cristiano, asturiano	-ino	: alicantino, filipino
-arra	: donostiarra, indauchutarra	-ista	: budista, socialista
-asco	: monegasco, bergamasco	-ita	: israelita, vietnamita

-ata	: keniata, croata		-o	: ruso, búlgaro
-e	: malgache, etíope		-ol	: español, mongol
-ense	: lucense, almeriense		-or	: conservador
-eño	: madrileño, portorriqueño		-ota	: chipriota, cairota
-és	: inglés, albanés		-ú	: hindú, bantú
-eta	: lisboeta		-uz	: andaluz
-í	: marroquí, iraní			

Gerona: gerundense; Málaga: malagueño/a, malacitano/a; Ceuta: ceutí; Huelva: onubense; San Sebastián: donostiarra; Toledo: toledano/a; Santander: santanderino/a; Cristo: cristiano/a; Buda: budista.

- Automomías españolas y sus gentilicios:

Andalucía: andaluz/a
Aragón: aragonés/a
Asturias: asturiano/a
Castilla y León: castellano-leonés/a
Castilla-La Mancha: castellano-manchego/a
Cataluña: catalán/a
Cantabria: cántabro/a
Extremadura: extremeño/a
Galicia: gallego/a

Islas Baleares: balear
Islas Canarias: canario/a
La Rioja: riojano/a
Madrid: madrileño/a
Murcia: murciano/a
Navarra: navarro/a
País Vasco: vasco/a
Valencia: valenciano/a
Ceuta: ceutí
Melilla: melillense

ESQUEMA DE CLASIFICACIÓN DE LOS ADJETIVOS

POR SU SIGNIFICACIÓN

Calificativos

positivos: bueno, ignorante, justo, sabio, torpe...
comparativos: mejor, mayor, menor, más justo, menos sabio...
superlativos: buenísimo, celebérrimo, el más torpe...

primitivos: azul, sucio, ágil...

derivados:
    verbal: amable, estudioso, trabajador...
    nominal: cariñoso, memorable, violento...

de estructura:
    verbal: útil, feliz, usual...
    compuesta: inútil, infeliz, inusual...

Determinativos

demostrativos: este, ese, aquel...
posesivos: mi, tu, su, nuestro, vuestro, su...
    mío, tuyo, suyo...
indefinidos: cualquier(a), cierto, tal, otro...
cuantitativos: poco, algún, bastante, mucho, todo...
distributivos: ambos, cada, demás, sendos...

numerales:
    cardinales: uno, cinco, diecisiete...
    ordinales: primero, quinto, decimoséptimo...
    partitivos: medio, un tercio, un cuarto...
    múltiplos: doble, triple, cuádruple...

interrogativos: ¿qué...?, ¿quién...?, ¿cuál...?...
exclamativos: ¡qué...!, ¡cuán(to)!...

POR SU CONSTRUCCIÓN

atributivos: Tienes unas manos **maravillosas**.
predicativos: Tus joyas son muy **valiosas**.
    ¡Qué **hermosa** tarde!

POR SU FORMA EXPRESIVA

epítetos: **Verde** hierba, **negra** noche, **suave** voz...

Lo tratado en este capítulo se encuentra en **ESPAÑOL 2000**,
Nivel elemental: págs. 17, 19, 21, 132, 133, 138 y 207.
Nivel medio: pág. 217.
Nivel superior: pág. 67.

21. De los apreciativos

Es preferible el término general de apreciativo sobre los específicos de aumentativo, diminutivo y despectivo. Todos ellos pertenecen a la derivación y tienden a significar aspectos muy particulares, entre los que destacan los usos del diminutivo de afectividad, efusividad y cortesía.

En algunas ocasiones, los apreciativos producen una lexicalización completa, dando origen a nuevas palabras:

bomba	⇒	bombilla	cera	⇒	cerilla
caballo	⇒	caballete	lámpara	⇒	lamparón
cama	⇒	camilla	mesa	⇒	mesilla
camisa	⇒	camiseta	pera	⇒	perilla
casa	⇒	caseta	torno	⇒	tornillo

Los sufijos apreciativos se intercalan entre el lexema y los morfemas de género o número. Cuando no se especifica el género, lo reproducen mediante la sufijación:

árbol	⇒	arbolito	mujer	⇒ mujercita

(azúcar ⇒ azuquita/r no reproduce el género).

La sufijación apreciativa actúa sobre el nombre (perro-perrazo), aunque también se aplica al adjetivo (viejo-vejete), a algunos adverbios (ahora-ahorita) y a ciertas formas verbales (andando-andandito).

AUMENTATIVOS

-azo(a) : cochazo, discursazo, golpazo, madraza, manaza.
-ón(a)   : hombrón, escopetón, mujerona, carpetona.
-ote(a) : animalote, chavalote, cabezota, narizota.

También en el caso de algunos aumentativos se produce la lexicalización, con aparición de nuevos significados:

barca	⇒	barcaza	colcha	⇒	colchón
capa	⇒	capote	padre	⇒	padrón
carpeta	⇒	carpetazo	tumba	⇒	tumbona

* En algunos casos significan todo lo contrario de lo que la forma indica:

pelón (sin pelo); callejón (calle estrecha).

DESPECTIVOS

-ete(a):	vejete, pillete	**-aco(a):**	libraco, sudaca
-ejo(a):	tipejo, silleja	**-ucho(a):**	tienducho, casucha
-uelo(a):	chicuelo, aldehuela	**-ato:**	niñato
-uza:	gentuza		

DIMINUTIVOS

-eto(a):	libreto, banqueta	**-iño(a):**	barquiño, perriña
-ico(a):	borrico, ventanica	**-ito(a):**	cochecito, bolsita
-illo(a):	chiquillo, campanilla	**-uco(a):**	ventanuco, casuca
-ín(a):	pueblín, chiquitina	**-uelo(a):**	riachuelo, pilluela

En general, el sufijo -ito(a) es, en la actualidad, el más extendido y genérico; -illo(a) es más habitual en Andalucía; -ico(a) se usa más en Aragón; -uco(a) es propio de Cantabria; -ín(a) es frecuente en Asturias; -iño(a) es típico de Galicia:

guapito, guapillo, guapico, guapuco, guapín, guapiño.

CAMBIOS EN LA FORMACIÓN DE LOS APRECIATIVOS

La presencia de los sufijos puede conllevar los cambios siguientes:

a. Cambio de acento al ser tónicos y atraer el acento hacia ellos:

coche ⇒ cochecito   válvula ⇒ valvulilla

b. Cambio de fonemas:

- Toda vocal átona, en posición final, desaparece:

casa ⇒ casita   coche ⇒ cochazo

- La consonante d en posición final de palabra no monosílaba se cambia en c:

pared ⇒ parecita

c. Los sufijos -ito(a), -illo(a), -ico(a) exigen, a veces, un aumento fónico:

-cec- en palabras monosílabas acabadas en vocal:

pie ⟹ piececito

-ec- en palabras monosílabas acabadas en consonante, y en bisílabas acabadas en e:

sol ⟹ solecito   nave ⟹ navecita

-c- en palabras polisílabas acabadas en r o en n:

canción ⟹ cancioncilla   regular ⟹ regularcillo

La presencia de estos sufijos no excluye la aparición de otros de la misma clase:

chico ⟹ chiquitito

ni la reduplicación del mismo:

ahora ⟹ ahorita ⟹ ahoritita ⟹ ahoritítita

ESQUEMA DE LOS APRECIATIVOS

AUMENTATIVOS

-azo(a) : padrazo, ojazo, bocaza, guapaza
-ón(a) : medallón, papelón, casona, butacona
-ote(a) : librote, palote, sanota, grandota

DIMINUTIVOS Y DESPECTIVOS

-aco(a) : pajarraco, sudaca   -illo(a) : cigarrillo, colilla
-ajo(a) : pingajo, rodaja   -ín(a)   : abuelín, monina
-ato(a) : jabato, niñata   -ito(a) : cordelito, cajita
-ejo(a) : lugarejo, chaqueteja   -orro/io : ventorro, bodorrio
-ete(a) : pobrete, banqueta   -uco(a) : papeluco, casuca
-ezno   : lobezno, torrezno   -ucho(a) : aguilucho, casucha
-ico(a) : ratico, guitarrica   -uelo(a) : doctorzuelo, pilluela

CAMBIOS DE SIGNIFICADO

banco   ⟹ banquete   cara ⟹ careta
bomba   ⟹ bombón   gato ⟹ gatillo
caballo ⟹ caballete   libro ⟹ libreto
cáñamo ⟹ cañamón   paso ⟹ pasillo
capa   ⟹ capote   presa ⟹ presilla

CAMBIOS DE GENERO

la blusa ⟹ el blusón   el cuarto ⟹ la cuartilla
la pluma ⟹ el plumón   la sala   ⟹ el salón

Lo tratado en este capítulo se encuentra en **ESPAÑOL 2000**,
Nivel medio: págs. 86 y 133.

22. De la concordancia

 CONCORDANCIA ENTRE SUSTANTIVO Y ADJETIVO

El adjetivo concuerda en género y número con el sustantivo al que acompaña:

caballo blanco   este palacio
chica estudiosa   aquellas montañas
hombres sucios   poca gracia

Los adjetivos de una terminación se usan indistintamente con sustantivos masculinos o femeninos:

caballo veloz   canoa veloz   aviones veloces   bicicletas veloces

CONCORDANCIA DEL ADJETIVO CON VARIOS SUSTANTIVOS

a. Si todos los sustantivos son del mismo género, el adjetivo concuerda naturalmente con ellos:

Su blusa, su falda y su mochila eran amarillas.

b. Si los sustantivos son de diferente género, prevalecerá el masculino para la concordancia:

He comprado sillas, butacas y armarios blancos.

c. Aunque los sustantivos estén en singular, el adjetivo que los acompaña adoptará la forma del plural:

Había ensalada, sopa y solomillo recién elaborados.

d. El adjetivo puede concordar en género con el sustantivo más próximo:

Con su actitud y porte distinguido, cautivaba a todos.

CONCORDANCIA SUJETO-VERBO

Cuando el verbo se refiere a un solo sujeto, concierta con él en persona y número:

> El caballo negro corre por el campo.
> Los perros ladraban furiosamente.

Si se refiere a varios sujetos, debe ir en plural:

> Jesús, Nieves y yo nos iremos en barco.

Si los sujetos representan distintas personas, se prefiere para la concordancia la primera a la segunda y ésta, a la tercera:

> Pedro, tú y yo nos vamos al cine.
> Lola y tú iréis a la playa.

USOS PARTICULARES DE LA CONCORDANCIA

a. Los títulos y tratamientos como alteza, excelencia, usted... concuerdan con adjetivo masculino o femenino según el sexo de la persona:

> Es usted muy simpática.
> Su excelencia se puso furioso.

b. Los sustantivos colectivos como gente, pueblo, multitud..., cuando van en singular, pueden concordar con adjetivo o verbo en plural, por el sentido de la frase:

> Gran parte de los fumadores sufren tos.
> La mayoría de los manifestantes, incontrolados, arrollaron a la policía.

c. A veces puede utilizarse el plural para referirse a una persona singular:

> —¿Qué hay, Paco? ¿Cómo estamos hoy?

El plural de modestia consiste en utilizar la primera persona de plural para ocultar el yo:

> En este capítulo expondremos los principios de...

El plural mayestático es utilizado —cada vez menos— por reyes o autoridades:

> Hemos decidido promulgar...

d. Si el verbo va inmediatamente después de dos o más sujetos, se pondrá en plural:

La fruta, el cereal y el pescado son buenos alimentos.

Si el verbo tiene varios sujetos y los precede, puede concertar con el primero de ellos:

Le vendrá la gracia y el sentido común a su debido tiempo.

Si se sitúa entre varios sujetos, concierta con el más próximo:

Mi experiencia me permite y también mis conocimientos, afirmar que...

Si los sujetos van enlazados por las conjunciones ni, o, bien... bien, el verbo puede concertar con todos en plural, o en singular con el más próximo:

No me gust**aron** ni la interpretación, ni el guión, ni el argumento.
No me gust**ó** ni la interpretación, ni el guión, ni el argumento.

e. El/un/algún/ningún + nombre femenino singular que empieza por **a** tónica:

el arma, un águila, algún arca, ningún alma, un aula, el agua

Pero si entre el determinante y el sustantivo se interpone un adjetivo, el artículo irá en femenino:

La mortífera arma.   Una poderosa águila.

Esta/esa/aquella + nombre femenino singular que empieza por **a** tónica:

No digas «de esta agua no beberé».
Aquella aula es la de Lengua española.

Lo tratado en este capítulo se encuentra en **ESPAÑOL 2000**,
Nivel medio: págs. 139 y 140.

23. De los determinantes

LOS DETERMINANTES

Tienen como función primordial la de determinar al sustantivo, ya sea mediante un artículo, un demostrativo, un posesivo o un indefinido.

Todo elemento adyacente al sustantivo determina; por lo que todo adjetivo es un determinante.

Colocación

En español, los determinantes presentan una colocación relativamente fija, que es la anteposición. Algunos autores los llaman predeterminantes, por ir delante de todos los demás tipos de determinación:

El coche   Ese coche   Nuestro coche
Aquel coche negro   Vuestro coche preferido

Esquema

Artículos	Demostrativos	Posesivos		
el libro	este libro	mi libro	nuestro libro	el libro mío, nuestro
del libro	ese libro	tu libro	vuestro libro	el libro tuyo, vuestro
al libro	aquel libro	su libro	su libro	el libro suyo, suyo
la casa	esta casa	mi casa	nuestra casa	la casa mía, nuestra
de la casa	esa casa	tu casa	vuestra casa	la casa tuya, vuestra
a la casa	aquella casa	su casa	su casa	la casa suya, suya
los ojos	estos ojos	mis ojos	nuestros ojos	los ojos míos, nuestros
de los ojos	esos ojos	tus ojos	vuestros ojos	los ojos tuyos, vuestros
a los ojos	aquellos ojos	sus ojos	sus ojos	los ojos suyos, suyos
las manos	estas manos	mis manos	nuestras manos	las manos mías, nuestras
de las manos	esas manos	tus manos	vuestras manos	las manos tuyas, vuestras
a las manos	aquellas manos	sus manos	sus manos	las manos suyas, suyas

LOS DEMOSTRATIVOS

Pueden funcionar como adjetivos, cuando van acompañando al nombre, y como pronombres, cuando lo sustituyen:

Adjetivo: Este libro es mío.
Pronombre: Aquél es de mi hermano.

Los demostrativos son signos típicamente coloquiales, pues orientan la referencia del discurso dentro de las coordenadas de espacio, tiempo y persona:

este, ese, aquel.

Los adjetivos demostrativos se colocan, normalmente, antes del nombre:

Esta casa, con ese jardín, la venden aquellos campesinos.

Pero si el sustantivo va precedido de un artículo determinado, el demostrativo pasa a situarse detrás:

La casa esta, con el jardín ese, la venden los campesinos aquellos.

En la lengua común está muy extendido el uso de las formas del pronombre demostrativo para dirigirse a personas. Este uso es, sin embargo, populachero y poco elegante:

Esta dice que no quiere salir con esos.

Las formas neutras esto, eso, aquello son siempre invariables para la concordancia:

Esto que dices no lo entiendo.
No puedo estar de acuerdo con aquello: es falso.

Estas formas neutras se agrupan sólo con las formas mismo, todo, sólo, más y con los numerales ordinales y adjetivos equivalentes (como último).

Eso mismo estaba yo pensando.
Todo aquello ha quedado olvidado.
No repitas esto último.

Las formas este(a) y ese(a) pueden adoptar un valor despectivo cuando van pospuestas al nombre como adjunto:

¡Nos ha fastidiado el niño este!
La doctora esa no acierta nunca.

ESQUEMA DE ADJETIVOS Y PRONOMBRES DEMOSTRATIVOS

Adjetivos

	SINGULAR		PLURAL		
	Masculino	Femenino	Masculino	Femenino	
Yo-Nosotros/as	este	esta	estos	estas	Aquí
Tú-Vosotros/as	ese libro	esa casa	esos libros	esas casas	Ahí
Él/Ella-Ellos/as	aquel	aquella	aquellos	aquellas	Allí

El buen uso de la lengua recomienda utilizar las formas esta, esa, aquella ante nombres femeninos que empiezan por á- tónica: esta agua, esa aula, aquella arma, aunque se oyen también: *este aula, *ese acta, *aquel agua.

Pronombres

	SINGULAR			PLURAL		
	Masculino	Femenino	Neutro	Masculino	Femenino	
Yo-Nosotros/as	éste	ésta	esto	éstos	éstas	Aquí
Tú-Vosotros/as	ése	ésa	eso	ésos	ésas	Ahí
Él/Ella-Ellos/as	aquél	aquélla	aquello	aquéllos	aquéllas	Allí

Este expresa proximidad a la primera persona; ese, un grado intermedio entre proximidad y lejanía; aquel expresa lejanía de la primera persona.

Los pronombres éste, ése y aquél —con sus femeninos y plurales— pueden llevar normalmente tilde. Pero se puede prescindir de ella cuando no exista ambigüedad.

Los demostrativos se pueden combinar con numerales, posesivos y con poco, mucho: aquellos tres tontos, esos tus clientes, estos pocos hombres pueden ganar.

Cuando se combina con todo se pospone: todos esos dineros no sirven para nada.

En español estas formas pronominales dan lugar a determinadas expresiones:

A eso de (aproximadamente)   Nada de eso (de ningún modo)
Ni por esas (de ningún modo)   Eso mismo (lo mismo, igual)

Lo tratado en este capítulo se encuentra en ESPAÑOL 2000,

Nivel elemental: págs. 28, 43 y 46.

Nivel superior: págs. 26.

24. De los posesivos

LOS POSESIVOS: FORMA

Los posesivos determinan al sustantivo indicando posesión o pertenencia en relación con las personas del coloquio.

Por su forma, distinguen la categoría de persona (primera, segunda o tercera) en relación con el poseedor y con la cosa poseída.

Las formas su y suyo designan indistintamente a un masculino, a un femenino, a un singular o a un plural.

> El libro de él, de ella, de usted: **su** libro, el libro **suyo**.
> El libro de ellos, de ellas, de ustedes: **su** libro, el libro **suyo**.

Las formas plenas se colocan detrás del sustantivo al que acompañan:

> Hijos **míos**, la casa **tuya**, el pan **nuestro**.

Las formas apocopadas (mi, tu, su) y sus plurales son inacentuadas y preceden inmediatamente al sustantivo con el que concuerdan:

> **Mi** padre, **tu** tía, **su** abuelo.
> **Mis** hermanos, **tus** primas, **sus** nietos.

COLOCACIÓN

En posición antepuesta, los posesivos no admiten más determinativo que todo(a) o todos(as):

> **Toda** mi fortuna, **todos** nuestros amigos.

No admiten el artículo en posición antepuesta:

> * **El** tu sobrino, **las** mis hijas.

Entre el posesivo y el sustantivo se admite la interposición de un adjetivo calificativo:

> Mi querida señorita.
> Vuestros insoportables niños.

Cuando el posesivo va pospuesto, puede aparecer el nombre con cualquier determinante:

> Algún hermano **tuyo.**   El otro sobrino **suyo.**

OBSERVACIONES

Los posesivos nuestro(a) y vuestro(a) concuerdan en género y número con la cosa poseída:

> Nuestro país, vuestra ciudad, nuestras costumbres.

El resto de las formas sólo concuerdan en número, pero permanecen invariables ante el género:

> Mi caballo: **mis** caballos.   Su finca: **sus** fincas.

Para evitar la ambigüedad en el empleo de su(s) y suyo(s), suele sustituirse el posesivo por las fórmulas preposicionales:

> Luis y Javier viajan en **su** coche.
> Luis y Javier viajan en el coche de este último.
> Marta y Tomás estaban con **sus** padres.
> Marta y Tomás estaban con los padres de él.

EL POSESIVO Y LAS PREPOSICIONES

Aunque muy utilizadas en el mundo hispano, en la tradición española son calificadas como populares las expresiones del tipo de:

> Detrás **mío** había dos señoras.
> Empezaron a insultarse delante **suyo.**
> Tienes la maleta encima **tuya.**

En estos casos, el posesivo pospuesto debe sustituirse por el correspondiente pronombre personal acompañado de la preposición de:

> Detrás **de mí** había dos señoras. Empezaron a insultarse delante **de él.** Tienes la maleta encima **de ti.**

En Hispanoamérica, es de uso normal el empleo de las formas plenas precedidas de adverbios o locuciones de lugar:

> Encima mía, detrás mío.

En general, el posesivo pospuesto alterna con las formas del pronombre personal con de:

> En torno suyo/de mí.

ESQUEMA DEL POSESIVO

Adjetivos

SINGULAR			PLURAL		
	Masculino			**Masculino**	
mi		mío	mis		míos
tu	libro	tuyo	tus	libros	tuyos
su		suyo	sus		suyos
	Femenino			**Femenino**	
mi		mía	mis		mías
tu	camisa	tuya	tus	camisas	tuyas
su		suya	sus		suyas

un solo poseedor

SINGULAR			PLURAL		
	Masculino			**Masculino**	
nuestro		nuestro	nuestros		nuestros
vuestro	libros	vuestro	vuestros	libros	vuestros
su		suyo	sus		suyos
	Femenino			**Femenino**	
nuestra		nuestra	nuestras		nuestras
vuestra	camisa	vuestra	vuestras	camisas	vuestras
su		suya	sus		suyas

varios poseedores

Pronombres

SINGULAR			PLURAL	
Masculino	Femenino	Neutro	Masculino	Femenino
el mío	la mía	lo mío	los míos	las mías
el tuyo	la tuya	lo tuyo	los tuyos	las tuyas
el suyo	la suya	lo suyo	los suyos	las suyas
el nuestro	la nuestra	lo nuestro	los nuestros	las nuestras
el vuestro	la vuestra	lo vuestro	los vuestros	las vuestras
el suyo	la suya	lo suyo	los suyos	las suyas

Lo tratado en este capítulo se encuentra en **ESPAÑOL 2000**, **Nivel elemental**: págs. 46 y 99.

25. De los indefinidos

LOS INDEFINIDOS

Constituyen un grupo de formas que determinan al sustantivo de manera in-concreta y vaga, y que pueden desempeñar las funciones de sustantivo, adjetivo o adverbio:

SUSTANTIVO: Se han apuntado **bastantes**.
                   Alguien ha entrado aquí.

ADJETIVO: **Pocas** chicas habrían hecho eso.
             Vinieron **menos** espectadores que otras veces.

ADVERBIO: Han trabajado **demasiado**.
            No chilléis **tanto**.

Todo puede aparecer en la relación de las siguientes series:

- poco, bastante, mucho, harto, demasiado: idea de gradación.
- nada, nadie, algo, alguien, alguno, ninguno: idea de existencia.
- menos, más, tan, tanto: idea de intensidad.

MUCHO, POCO, DEMASIADO, HARTO, UNO, CIERTO, OTRO

Todos ellos admiten variación de género y número:

Mucho dinero, **muchas** personas, **poca** gente, **pocos** libros.
Tengo **otra** pregunta. Vino un **cierto** señor preguntando por ti

Mucho/muy

Se usa mucho delante de mejor, peor, más…
Se usa muy delante de adjetivos y sustantivos en singular:

Alfonso es **muy** alto.
Pedro es **muy** hombre, pero: Son **muchos** hombres.

También se usa muy delante de mayor, superior, inferior…

ALGUIEN/NADIE; ALGUNO/NINGUNO; ALGO/NADA

Alguien, nadie, algo y nada son invariables. No admiten cambio de género ni de número:

> **Alguien** habrá escrito esas palabras.
> **Nadie** sabe lo que pasó.
> Espero que quede **algo**.
> No habéis estudiado **nada**.

Alguien y nadie no se combinan ni con el artículo ni con otros pronombres. Alguno y ninguno pueden variar en género y número, aunque el plural de ninguno se usa muy poco:

> Se han presentado **algunas** soluciones.
> No tengo **ningunas** ganas de estudiar.

Cuando preceden a un sustantivo masculino singular, alguno y ninguno se apocopan:

> Debe de quedarme **algún** dinero.
> Eso no representa **ningún** problema.

Cuando van pospuestos y en relación con otra palabra negativa, alternan:

> No irá sin temor alguno/ninguno.

Algo y nada se presentan con valor neutro:

> **Algo** he escuchado en ese sentido.
> **Nada** es capaz de ilusionarle.

Algo puede también construirse según las estructuras siguientes:

> Algo + mas/menos + adjetivo   Algo + de + adjetivo
> Carlos es algo más gordo que tú.   Irene tiene algo de misteriosa.

Los negativos nadie, ninguno, nada, cuando se posponen al verbo, exigen una partícula negativa delante de la frase:

> **No** ha llegado **nadie** todavía. **No** se oye **nada**.
> **Ni** ha llamado **ninguno**, ni se ha presentado **nadie**.

Más/menos; tanto/tan

Normalmente se emplean antepuestos al nombre al que determinan:

> ¿Queréis que pongamos **más** música?
> Veo **menos** chicos que otras veces.
> No hace falta **tanto** pan.

Sin embargo, pueden ir pospuestos al sustantivo cuando éste va precedido de uno o de los cardinales:

> Mido **diez** centímetros **más** que tú.

Casi siempre el segundo término de la comparación va introducido por que o de para las formas más y menos, y por como y que, para las formas tan y tanto:

> Hoy está **más** nublado **que** ayer.
> No aceptaré **menos de** diez mil euros.
> He estudiado **tanto como** ellos.
> No es **tan** fiero el león **como** lo pintan.
> He trabajado **tanto que** no puedo ni moverme.

La forma apocopada tan se utiliza ante adjetivos, participios, adverbios o elementos autónomos de valor circunstancial:

> Te veo **tan** contento como siempre.
> Hoy no habéis venido **tan** temprano.

La forma tanto puede combinarse con así, cuanto, otro:

> Has crecido **tanto así**.
> Hizo **tanto cuanto** pudo.
> Si me ayudas, yo haré **otro tanto**.

Todo, bastante, cada

Todo admite variación en género y número. Puede presentar forma neutra:

> **Todos** los vecinos fueron al entierro.
> ¿Estáis **todas** de acuerdo?
> A perro flaco, **todo** son pulgas.

La expresión todo uno indica la simultaneidad de acciones; del todo equivale a completamente; con todo, así y todo equivalen a concesión, y a todo esto sirve para introducir oraciones o conclusiones.

Bastante admite variación en número pero es invariable en cuanto al género:

> Tengo **bastante** dinero.
> Me faltan **bastantes** monedas.

Cada es un indefinido distributivo e invariable:

> Cada mochuelo, a su olivo.
> Cada oveja, con su pareja.

Es incorrecto, aunque está muy extendido, el uso de cada como sinónimo de to-dos(as):

> * Hago gimnasia cada día (= todos los días).

MISMO, TAL, VARIOS, CUALQUIERA

Mismo/a/os/as expresa identidad y admite sufijos:

> Lo hizo ella mismita.

Tal/tales cuando antecede a un nombre propio indica que es poco conocido:

> Me he encontrado a un tal Jesús.

Varios/as:

> Poseen varias casas en España.

Cualquiera/cualquier/cualesquiera:

> Cualquier día es bueno.
> Hoy no es un día cualquiera.

Un cualquiera es una expresión con valor despectivo.

- Cualquiera: cuando se antepone a un sustantivo se usa cualquier: cualquier cuaderno; cualquier mujer. Cuando se usa cualquiera se pospone: un hombre cualquiera.
  El plural de cualquiera es cualesquiera: dos niñas cualesquiera.

- El indefinido demás siempre precede al sustantivo, pero precedido, a su vez, del artículo o del indefinido todo y del artículo: los demás coches se perdieron, todos los demás coches se perdieron.
  Puede sustantivarse. Precedido de los, las designa personas: Los demás que esperen; precedido de lo designa cosas: Lo demás no me importa.

ESQUEMA DE ADJETIVOS Y PRONOMBRES INDEFINIDOS

ADJETIVOS		PRONOMBRES	
Afirmativos	Negativos	Afirmativos	Negativos
Algún Alguna Algunos Algunas	Ningún Ninguna Ningunos Ningunas	Alguno Alguna Algunos Algunas Persona: Alguien Cosa: Algo	Ninguno Ninguna Ningunos Ningunas Persona: Nadie Cosa: Nada

—¿Hay **algún** restaurante alemán? | —Sí, hay **alguno**.
—No, no hay **ninguno**.

—¿Tiene usted **alguna** pregunta? | —Sí, tengo **alguna**.
—No, no tengo **ninguna**.

—¿Compramos **algunos** libros? | —Sí, compramos **algunos**.
—No, no compramos **ningunos**.

—¿Vino **alguien**? | — No, no vino **nadie**.

—¿Has visto **algo**? | — No, no he visto **nada**.

Además utilizamos: otro/otra; cualquier/cualquiera (*cualesquiera*); vario/varia.

USO PRÁCTICO DEL INDEFINIDO

Mucho
Pronombre Indefinido: Enseñaba **mucho**.
Adjetivo determinativo: Gastó **mucho** dinero.
Adverbio: Se lo expliqué **mucho**.
Sustantivo: Lo **mucho** aburre.

Tanto
Pronombre Indefinido: No esperaba **tanto** de ti.
Adjetivo determinativo: No tengo **tanto** tiempo.
Adverbio: No hay que gritar **tanto**.
Sustantivo: Tuvimos un gran **tanto** por ciento de aciertos.

Cuanto
Pronombre Indefinido: Habló **cuanto** quiso.
Adjetivo determinativo: ¡**Cuánto** tiempo pierdes!
Adverbio: ¡**Cuánto** te esfuerzas!
Sustantivo: Come todo **cuanto** quiere.

Bastante

Pronombre Indefinido: Ya he oído **bastante**.
Adjetivo determinativo: Tienes **bastante** miedo.
Adverbio: Llegó **bastante** alegre.
Sustantivo: Hay lo **bastante**.

Algo

Pronombre Indefinido: **Voy** a decirte **algo**.
Adjetivo determinativo: —
Adverbio: Es **algo** difícil de ver.
Sustantivo: Tiene **algo** especial.

Nada

Pronombre Indefinido: **Nada** le aprovecha.
Adjetivo determinativo: —
Adverbio: Esto no me gusta **nada**.
Sustantivo: Ha salido de la **nada**.

EL PARTITIVO

Algo de:	Tengo **algo de** prisa.	¿Quieres **algo de** vino?
Nada de:	No tengo **nada de** prisa.	No quiero **nada de** vino.

Lo tratado en este capítulo se encuentra en **ESPAÑOL 2000**,
Nivel elemental: págs. 111, 114 y 185.
Nivel superior: pág. 47.

26. De los numerales

LOS NUMERALES

Las cantidades pueden expresarse por medio de números, o mediante los nombres de éstos. Sin embargo, es recomendable evitar en lo posible el uso de guarismos en textos que no sean estrictamente matemáticos:

> *Te estuve esperando 3 horas: desde las 2, hasta las 5.
> Te estuve esperando tres horas: desde las dos, hasta las cinco.

Se exceptúan de esa norma los numerales cardinales indicativos de fechas y los ordinales que forman parte de nombres de reyes:

> Nació el 27 de agosto de 1943.
> Este castillo fue construido en tiempos de Carlos IV.

Cardinales

Se escriben formando una sola palabra, desde el uno hasta el treinta:

> once, catorce, veintiuno, veinticuatro, veintiséis…

Pero para los números 16, 17, 18 y 19, se admiten dos formas de escritura, aunque se prefiere en una palabra:

> dieciséis: diez y seis   dieciocho: diez y ocho
> diecisiete:diez y siete   diecinueve: diez y nueve

A partir del 31, sin excepción, las unidades se escriben separadas de las decenas:

> treinta y ocho   cuarenta y dos   cincuenta y siete

El cardinal uno y todos los terminados en uno, usados en función adjetiva, pueden variar de género:

> En esta aula caben cuarenta y una alumnas.

La forma un se emplea cuando el sustantivo al que el numeral acompaña es masculino:

He contado cincuenta y un árboles.

Ordinales

Actualmente el uso de los cardinales en lugar de los ordinales va en aumento. Sin embargo, es habitual el uso de los ordinales hasta el décimo:

Planta 4.ª (cuarta)   Siglo IX (noveno)
Piso 20.º (veinte)   XI Congreso (once)

Primero y tercero se apocopan cuando preceden a un sustantivo masculino:

Le derribó del primer disparo. Ha ganado el tercer premio.

Desde el el 13.º hasta el 19.º se escriben en dos palabras: décimo tercero, décimo cuarto, décimo quinto, décimo sexto, décimo séptimo, décimo octavo y décimo noveno.

Los ordinales compuestos cumplen la regla de acentuación de las palabras compuestas y sólo se acentúan (si tienen que acentuarse) en el último elemento:

décimo + séptimo: decimoséptimo, décimo + quinto: decimoquinto.

En la lengua escrita se utilizan los números romanos para expresar el número de orden:

Carlos V, Benedicto XVI, Juan XXIII

Partitivos

Excepto mitad y tercio, las formas fraccionadas admiten variación de género, y todas, sin excepción, variación de número:

Entró en la meta con una ventaja de tres décimas.
Ha dividido el queso en dos mitades.

Multiplicativos

Son invariables en género.

2 doble   5 quíntuple/o
3 triple   6 séxtuple/o
4 cuádruple/o   7 séptuple/o

SUSTANTIVOS COLECTIVOS

Relacionados con los numerales, existen dos grupos de colectivos:

- Sin especificar: unidad(es), par(es), pareja(s), trío(s), decena(s), docena(s), centena(s), centenar(es), miles, millar(es), millón(es), billón(es).

• Grupos de fechas: semana, mes, bienio, trienio, cuatrienio, quinquenio, lustro, decenio, siglo, milenio.

ESQUEMA DE CARDINALES Y ORDINALES

Cardinales	Ordinales
1. uno/un/una	primero/a, primer
2. dos	segundo/a
3. tres	tercero/a, tercer
4. cuatro	cuarto/a
5. cinco	quinto/a
6. seis	sexto/a
7. siete	séptimo/a
8. ocho	octavo/a
9. nueve	noveno/a, nono
10. diez	décimo/a
11. once	undécimo
12. doce	duodécimo/a
13. trece	décimo/a tercero/a
14. catorce	décimo/a cuarto/a
15. quince	décimo/a quinto/a
16. dieciséis, diez y seis	décimo/a sexto/a
17. diecisiete, diez y siete	décimo/a séptimo/a
18. dieciocho, diez y ocho	décimo/a octavo/a
19. diecinueve, diez y nueve	décimo/a noveno/a
20. veinte	vigésimo/a
21. veintiuno/ún/una	vigésimo/a primero/a
22. veintidós	vigésimo/a segundo/a
23. veintitrés	vigésimo/a tercero/a
30. treinta	trigésimo/a
31. treinta y uno/un/una	trigésimo/a primero/a
32. treinta y dos	trigésimo/a segundo/a
40. cuarenta	cuadragésimo/a
41. cuarenta y uno/un/una	cuadragésimo/a primero/a
50. cincuenta	quincuagésimo/a
60. sesenta	sexagésimo/a
70. setenta	septuagésimo/a
80. ochenta	octogésimo/a
90. noventa	nonagésimo/a
100. cien/ciento	centésimo/a
101. ciento uno/un/una	centésimo/a primero/a

Cardinales	Ordinales
153. ciento cincuenta y tres	centésimo/a quincuagésimo/a tercero(o)/a
200. doscientos/as	ducentésimo/a
300. trescientos/as	trecentésimo/a
400. cuatrocientos/as	cuadrigentésimo/a
500. quinientos/as	quingentésimo/a
600. seiscientos/as	sexcentésimo/a
700. setecientos/as	septingentésimo/a
800. ochocientos/as	octingentésimo/a
900. novecientos/as	noningentésimo/a
1.000. mil	milésimo/a
1.300. mil trescientos/as	milésimo/a trecentésimo/a
2.000. dos mil	dos milésimo/a
2.126. dos mil ciento veintiséis	dos milésimo/a centésimo/a vigésimo/a sexto/a
24.215. veinticuatro mil doscientos/as quince	veinticuatro milésimo/a docentésimo/a decimoquinto/a
1.000.000. un millón	millonésimo/a
3.000.000. tres millones	tres millonésimo/a

ESQUEMA DE PARTITIVOS

1/2.	mitad(es)	1/16.	dieciseisavo/a(s)
1/3.	tercio(s)	1/17.	diecisieteavo/a(s)
1/4.	cuarto/a(s)	1/18.	diecioch(o)avo/a(s)
1/5.	quinto/a(s)	1/19.	diecinueveavo/a(s)
1/6.	sexto/a(s)	1/20.	veinteavo/a(s)
1/7.	séptimo/a(s)	1/21.	veintiunavo/a(s)
1/8.	octavo/a(s)	1/30.	treintavo/a(s)
1/9.	noveno/a(s)	1/40.	cuarentavo/a(s)
1/10.	décimo/a(s)	1/50.	cincuentavo/a(s)
1/11.	onceavo/a(s)	1/60.	sesentavo/a(s)
1/12.	doceavo/a(s)	1/70.	setentavo/a(s)
1/13.	treceavo/a(s)	1/80.	ochentavo/a(s)
1/14.	catorceavo/a(s)	1/90.	noventavo/a(s)
1/15.	quinceavo/a(s)	1/100.	centavo/a(s), céntimo(s)

NUMERACIÓN ROMANA

En la numeración romana se utilizan siete letras mayúsculas, que equivalen a las cantidades siguientes:

I	V	X	L	C	D	M
1	5	10	50	100	500	1.000

Y se combinan de acuerdo con las siguientes reglas:

- Si a la derecha de una cifra se coloca otra igual o menor (nunca mayor), el valor de la primera queda aumentado en el valor de la segunda:

  $$I + I = II \qquad V + I = 6 \quad X + I = 11$$

- Toda cifra situada a la izquierda de otra mayor, resta de ésta su valor:

  $$IV = 5 - 1 = 4$$

- Si entre dos cifras se sitúa otra de menor valor, se combina siempre con la siguiente para restar de ella:

  $$LIX = 50 + (10 - 1) = 59$$

- Ninguna letra puede aparecer más de tres veces seguidas:

- Las letras V, L y D no pueden duplicarse, ya que existen otras que representan el doble de su valor: X, C y M, respectivamente.

- El valor de cualquier letra queda multiplicado por mil tantas veces como rayas horizontales aparezcan sobre ella:

  $$\overline{IX} = 9.000 \qquad \overline{XIV} = 14.000$$

MEDIDAS Y EQUIVALENCIAS

Longitud

Miriámetro:	10.000 metros	Metro:	1 metro (m)
Kilómetro:	1.000 metros (km)	Decímetro:	0,1 metro (dm)
Hectómetro:	100 metros (hm)	Centímetro:	0,01 metro (cm)
Decámetro:	10 metros (dam)	Milímetro:	0,001 metro (mm)

Superficie

Miriámetro cuadrado:	100.000.000 m^2	Área (decámetro cuadrado):	100 m^2
Kilómetro cuadrado:	1.000.000 m^2	Metro cuadrado:	1 m^2
Hectárea:	10.000 m^2	Decímetro cuadrado:	0,01 m^2

Volumen

Kilómetro cúbico:	1.000.000.000 m^3	Metro cúbico:	1 m^3
Hectómetro cúbico:	1.000.000 m^3	Decímetro cúbico:	0,001 m^3
Decámetro cúbico:	1.000 m^3	Centímetro cúbico:	0,000001 m^3

Peso

Tonelada métrica:	1.000 kg	Quintal métrico:	500 kg
Miriágramo:	10 kg	Kilogramo:	1 kg

Capacidad

Kilolitro:	1.000 l	Hectolitro:	100 l
Decalitro:	10 l	Litro:	1 l

Decimales

Décima:	0,1	Centésima:	0,01
Milésima:	0,001	Millonésima:	0,0001

Lo tratado en este capítulo se encuentra en ESPAÑOL 2000,

Nivel elemental: págs. 13, 19, 29, 40, 56 y 140.

Nivel medio: pág. 216.

Nivel superior: págs. 65 y 66.

27. De los pronombres personales y formas reflexivas

PRONOMBRES PERSONALES: FORMA, GÉNERO Y NÚMERO

Los pronombres personales sustituyen a los nombres de persona que intervienen en la comunicación. Se configuran en tres personas de singular y las mismas en plural. Admiten formas tónicas y átonas:

		Singular	Plural
Formas tónicas	1.ª persona	yo	nosotros(as)
	2.ª persona	tú	vosotros(as)
	3.ª persona	él, ella, ello	ellos/ellas
Formas átonas	1.ª persona	me	nos
	2.ª persona	te	os
	3.ª persona	le, lo, la (se)	les, los, las (se)
Formas tónicas con preposición	1.ª persona	mí, conmigo	
	2.ª persona	ti, contigo	
	3.ª persona	sí, consigo	

Se da, por tanto, la oposición de género (nosotros/as), la oposición de número (yo/nosotros) y la posibilidad del caso (reflexividad).

El plural en la 1.ª y 2.ª personas no es paralelo al de los sustantivos: Nosotros no es la suma de varios yo, ni vosotros es la suma de varios tú, sino de varias personas:

> nosotros = yo + tú + él... / vosotros = tú + tú + él... / ellos = él + él + ella...

Admiten variación en cuanto al género la 3.ª persona del singular (él, ella, ello) y del plural (ellos/ellas), y la 1.ª y 2.ª del plural (nosotros/as, vosotros/as). Aparece el neutro (ello) en la 3.ª persona de singular.

Además de tú (vosotros/as), aparece usted —ustedes en plural— como forma de respeto.

El caso

Es un morfema nominal, por el que se indica la función que el nombre tiene en el enunciado. En español solamente se conserva en el pronombre. Así tenemos:

- caso sujeto: yo, tú, él/ella/ello, usted, nosotros/as, vosotros/as, ellos/as, ustedes.
- caso término de preposición: mí, ti, sí.
- caso de compañía: conmigo, contigo, consigo.
- caso objeto (con acusativo y dativo): me, te, se, nos, os, le, lo, la, les, los, las.
- forma reflexiva: me, te, se, nos, os.

Las formas mí y ti aparecen en distribución complementaria con yo y tú:

> Estuvieron delante de ti y de mí.

PRONOMBRES DE 3.ª PERSONA: LAÍSMO Y LEÍSMO

El sistema etimológico se halla vivo en Andalucía y en Hispanoamérica:

> C.I. → le/les: dativo de persona y de cosa (masculino y femenino)
> C.D. → lo/los: acusativo de persona y de cosa (masculino)
> C.D. → la/las: acusativo de persona y de cosa (femenino)
> Ponle una tapa a ese frasco.
> Si veo a Rosa, le voy a decir algo.
> A Fernando lo han traído en coche.
> Si María no aparece, habrá que buscarla.

Leísmo

Es el uso de la forma pronominal le (o les) en función de C.D. de persona en lugar de lo/los:

C.I. → le/les: dativo de persona y de cosa (masc. y fem.): Mándale a Juan ese libro.
C.D. → le/les: acusativo de persona (masculino): Le vi a Juan.
C.D. → lo/los: acusativo de cosa (masculino): Ponlos ahí encima.
C.D. → la/las: acusativo de persona y de cosa (femenino): Llévalas a bailar.

El uso del leísmo, muy extendido por toda la península, ha sido admitido por la Real Academia Española en el singular.

Laísmo

Es el uso de la (o las) en función de C.I. de persona en lugar de le/les:

C.I. → le/les: dativo de persona y de cosa (masc.): Quítales el polvo a los cuadros.
C.D. → le/les: acusativo de persona (masculino): Le llevo a ver el museo.
C.D. → lo/los: acusativo de cosa (masculino): Rómpelo y tíralo.

C.I. → la/las: dativo de persona (femenino): Dala recuerdos a tu mujer.
C.D. → la/las: acusativo de persona y de cosa (fem.): La acompañaré a su casa.

El uso del laísmo es considerado poco aceptable por la Real Academia Española. Sin embargo, está muy extendido en el español hablado de Castilla.

Loísmo

Consiste en la utilización de lo/los en lugar de los pronombres le/les de complemento indirecto:

> A Juan lo dieron una paliza (por le).

Presenta poca extensión, su uso es considerado vulgar.

USOS DEL PRONOMBRE

En términos generales, podemos afirmar que la utilización de los pronombres personales es, en español, redundante y enfática. Por ello, el uso de las formas tónicas es poco frecuente:

Se dice: No tengo tiempo.　　　　Y no: Yo no tengo tiempo.
　　　　 Estás muy guapa.　　　　　　　 Tú estás muy guapa.

Sin embargo, se conserva el uso de las formas átonas y de las tónicas con preposición, incluso cuando no es necesario:

> Mándale a Juan esos libros.
> A ti te gusta mucho la ópera, ¿no?

Bastaría con decir:

> Manda a Juan esos libros (le sustituye a a Juan).
> Te gusta mucho la ópera, ¿no?

Obligatorios

Su presencia se exige en caso de ambigüedad:

- Cuando el verbo está en infinitivo o en gerundio:
  > Estar tú de acuerdo conmigo es bastante difícil.
  > No quiero que os vayáis estando yo ausente.

- Cuando haya que distinguir entre la 1.ª y la 3.ª personas del singular:
  > Amaba (yo, él, ella) la música profundamente.

- Para diferenciar la 2.ª persona de imperativo de la 3.ª singular del presente de indicativo:

  Anda (tú)   (él, ella) anda.

- Siempre que exista ambigüedad en las 3.ᵃˢ personas (él/ella, ellos/ellas).
- Cuando el sujeto lleva determinaciones:

  Yo mismo lo he oído.
  Tú, que siempre lo sabes todo, dímelo.

Estilísticos (no obligatorios)

Son usos enfáticos que tratan de destacar al sujeto, o, lo que es lo mismo, a las personas del coloquio:

  Yo estuve trabajando, mientras tú dormías plácidamente.

Yo puede se sustituido por nosotros en conferencias escritas y artículos:

  Porque nosotros (yo) también pensamos lo mismo.

FORMAS ÁTONAS

La variante se (le) se utiliza cuando le sigue otra tercera persona:

  Se lo di.

La presencia de una forma átona no excluye, como ya hemos visto, al sustantivo en función de complemento directo o indirecto:

  Ese libro se lo di yo a Luis.

Aparición de la forma átona

- Si el CD o el CI están representados por un pronombre personal tónico, es obligatorio el uso de la correspondiente forma átona:

  Antonio la quiere a ella.   No: Antonio quiere a ella.

- Si el CD o el CI están representados por un sustantivo o por una forma de tratamiento, la aparición de la forma átona depende de la colocación del sustantivo:
  – Cuando el sustantivo o tratamiento van delante del verbo, la forma átona es obligatoria:

  Tus documentos los tengo en el bolsillo.

– Cuando el sustantivo es CI y va detrás del verbo, la forma átona es potestativa:

> Transmitiré el mensaje a Luis.
> Le transmitiré el mensaje a Luis.

– Cuando el sustantivo es CD y va detrás del verbo, la forma átona no puede aparecer:

> He comprado estos libros. No: Los he comprado estos libros.

Colocación

El pronombre átono tiene una colocación fija, inmediatamente antes o después del verbo. Va en posición enclítica, inmediatamente después del verbo, cuando éste está en infinitivo, gerundio, imperativo o presente de subjuntivo con valor imperativo u optativo:

> Habrá que sacarlo de aquí inmediatamente.
> Id sacándolo de aquí inmediatamente.
> ¡Sacadlo de aquí inmediatamente!
> ¡Saquémoslo de aquí inmediatamente!

En cualquier otro caso, se antepone al verbo (proclisis):

> Lo sacaron, lo sacaré, lo sacaríais de aquí inmediatamente.

Si además del pronombre átono, aparece la forma se, ésta irá siempre delante:

> Díselo, pusiéronsela, lavándoselos.
> Se lo dije, se los lavaron.

ESQUEMA DE LOS PERSONALES Y REFLEXIVOS

Pronombre de 1.ª persona yo

	Nominativo	yo
	Acusativo Dativo	me
Con preposición	Genitivo Acusativo Dativo Ablativo	mí
	Ablativo de compañía	conmigo

Plural del pronombre de 1.ª persona nosotros, nosotras

	Nominativo	nosotros nosotras
	Acusativo Dativo	nos
Con preposición	Genitivo Acusativo Dativo Ablativo	nosotros nosotras

Pronombre de 2.ª persona tú

	Nominativo Vocativo	tú
	Acusativo Dativo	te
Con preposición	Genitivo Acusativo Dativo Ablativo	ti
	Ablativo de compañía	contigo

Plural del pronombre de 2.ª persona vosotros, vosotras

	Nominativo Vocativo	vosotros vosotras
	Acusativo Dativo	os
Con preposición	Genitivo Acusativo Dativo Ablativo	vosotros vosotras

Pronombre de 3.ª persona él, ella, ello

		SINGULAR			PLURAL	
		Masc.	Fem.	Neutro	Masc.	Fem.
	Nominativo	él	ella	ello	ellos	ellas
	Acusativo	lo (le)	la	lo	los (les)	las
	Dativo	le, se	le, se	—	les, se	les, se
Con preposición	Genitivo Acusativo Dativo Ablativo	él	ella	ello	ellos	ellas

Reflexivo de 3.ª persona (carece de nominativo)

	Acusativo Dativo	se
Con preposición	Genitivo Acusativo Dativo Ablativo	sí
	Ablativo de compañía	consigo

Sujeto	Compl. Indirecto	Compl. Directo	Formas tónicas con preposición
yo	me	me	a, de, para mí, conmigo
tú	te	te	a, de, para ti, contigo
él, usted	le (se)	lo (le)	a, de, para él/usted, con él/usted
ella, usted	le (se)	la	a, de, para ella/usted, con ella/usted
ello		lo	a, de, para ello
nosotros/as	nos	nos	a, de, para nosotros/as, con nosotros/as
vosotros/as	os	os	a, de, para vosotros/as, con vosotros/as
ellos/ustedes	les (se)	los (les)	a, de, para ellos/ustedes, con ellos/ustedes
ellas/ustedes	les (se)	las	a, de, para ellas/ustedes, con ellas/ustedes

FORMAS VERBALES Y FORMAS DEL PRONOMBRE

Verbo + infinitivo + pronombre personal o reflexivo

Quiere comprar la casa:
La quiere comprar.
Quiere comprarla.

Le quiero comprar un bolso a mi madre:
Se lo quiero comprar.
Quiero comprárselo.

Se quiere comprar unos zapatos:
Se los quiere comprar.
Quiere comprárselos.

Imperativo + pronombre personal

Forma afirmativa		Forma negativa	
Compra la casa.	Cómprala.	No compres la casa.	No la compres.
Saludad a Juan.	Saludadlo/le.	No saludéis a Juan.	No lo/le saludéis.
Dame la llave.	Dámela.	No me des la llave.	No me la des.
Lávate las manos.	Lávatelas.	No te laves las manos.	No te las laves.

Sentad+os	:	Senta-os
Marchad+os	:	Marcha-os
Excepto: Ir+os	:	Idos o iros

VALORES DE LA FORMA LO

a. Pronombre personal/complemento directo:

—¿Tienes el dinero?   —Sí, lo tengo.
—¿Conoce usted a Tomás?   —No, no lo conozco.

b. Artículo neutro con un adjetivo o relativo:

Me gusta lo dulce, pero prefiero lo salado.
Eso es lo mejor que puedes hacer.

c. Contestación abreviada o sustitución de una oración:

—¿Es usted estudiante?   —Sí, lo soy.
—¿Sabes que mañana no hay clase?   —Sí, lo sé.

Usos de SE

a. Pronombre personal:

Suele anteponerse al pronombre átono de CD y no puede desempeñar otra función que la de CI:

Ve a entregarle el libro a Juan ⇒ Ve a entregárselo.
Le di las buenas noches a Luis ⇒ Se las di.

b. Pronombre reflexivo:

El sujeto ejecuta y recibe, a la vez, la acción del verbo:

Marta se asomó a la ventana.

El sujeto no ejecuta directamente la acción, sino que interviene en la acción de otro:

Pedro se ha construido un chalet.

c. Pronombre recíproco:

Los sujetos ejecutan y reciben la acción:

Los dos presidentes se saludaron cordialmente.

d. Pasiva refleja:

La estructura gramatical es activa y el contenido, pasivo; el verbo aparece en tercera persona:

Se alquilan habitaciones.

e. Forma impersonal:

Se omite el sujeto. Se aparece junto a un verbo en tercera persona del singular:

Se rumorea que habrá elecciones en febrero.
Tiene, según se dice, más de mil millones.

Formas de tratamiento

El español, en general, utiliza tú/vosotros/as para el tratamiento entre iguales, y usted/ustedes para el tratamiento de respeto debido a razones sociales y culturales. En extensas zonas de América, se utiliza vos (en lugar de tú) para el tratamiento entre iguales. Este fenómeno se conoce con el nombre de voseo:

Vos sos bueno; vos sabés todo.

En Canarias y en Hispanoamérica no se utilizan las formas vosotros/as, ni la forma os: se emplea el plural ustedes tanto para el tratamiento familiar como para el tratamiento de respeto:

Ustedes leyeron correctamente.

* La concordancia de ustedes con las formas verbales de segunda persona es considerada como vulgar:

* Ustedes estuvisteis (por estuvieron) correctos.

Lo tratado en este capítulo se encuentra en **ESPAÑOL 2000,**
Nivel elemental: págs. 67, 79, 88, 108, 119 y 209.
Nivel medio: págs. 207.
Nivel superior: págs. 85.

28. De los pronombres relativos interrogativos y exclamativos

EL PRONOMBRE RELATIVO

El término relativo alude a su carácter anafórico: el que se refiere a la persona, animal o cosa a los que ya se ha hecho referencia anteriormente. También se entiende como relativo la palabra que relaciona, enlazándolas, una oración con otra. Por lo tanto, relativo es una palabra anafórica o catafórica que actúa como enlace entre oraciones:

La casa **que** he comprado es muy grande.
Mi hermano es **quien** nos lo ha dicho.

En ocasiones, el relativo no se refiere a sustantivos concretos, sino que reproduce frases o locuciones en las que no se encuentra explícito el antecedente ni el consecuente:

Quien mal anda, mal acaba.

El pronombre relativo establece una relación con el sustantivo al que acompaña en lugar del adjetivo:

Me compré un coche **barato**: un coche **que** estaba barato.

Formas

Las formas del pronombre relativo son: que, cual, quien, cuyo y cuanto. El primero es invariable. Los otros cuatro pueden variar: cual y quien, en número; cuyo y cuanto, en género y número:

El hombre **que** ves es tu padre.
Las campanas **que** se oyen son de la ermita.
Son ellos **quienes** se han negado a venir.
Esa es la mujer **cuyas** hijas nos saludaron ayer.

Funciones

- que suele tener siempre un sustantivo como antecedente:

    El **coche** que he comprado no corre nada.
    Los **niños**, que están en el jardín, no han merendado.

    Si va precedido de las preposiciones para, desde, por, entre, ante, bajo, contra, hasta, sobre, se utiliza el artículo antes de que:

    Era una situación por **la** que solían pasar.

- (el) que, (la) que, (los) cuales, (las) cuales alternan con quien y cuanto:

    Que se vaya **el** que no esté de acuerdo: **quien** no esté de acuerdo.
    Dame **el** dinero que lleves: **cuanto** dinero lleves.

- el cual, la cual, los cuales, las cuales se usan cuando el referente está más alejado en la línea del discurso:

    Tenía una **casa** con jardín y piscina, **la cual** había heredado.

- quien, quienes pueden funcionar con antecedente o sin él:

    Fue Pedro **quien** primero lo notó.
    Quien estudia, saca provecho.

- cuyo(s), cuya(s) funcionan siempre como adjetivos:

    Los padres **cuya** hija conoces han llegado.
    Tengo una casa en **cuyo** salón hay muchos cuadros.

- cuanto(s), cuanta(s):

    Se gasta en lotería **cuanto** gana.
    Cuantas personas pasan, se quedan mirando.

Significación

- que es la forma semántica menos precisa y, por lo tanto, más extensa en significación:

    La casa **que** fue derruida.   La niña **que** llora.

- quien implica siempre significación de persona:

    Quien diga eso es un necio.

- cuyo añade significación posesiva a la idea del relativo. Es sustituible por de que o de quien:

    El jardín, **cuyo** dueño hemos conocido, es muy bonito.
    El dueño del jardín de quien hemos hablado es un político conocido.

- **cual** se refiere siempre a sustantivos y puede intercambiarse por que:

  Me compré un bocadillo, con el **cual** sacié mi hambre.

- **cuanto** implica idea de cantidad:

  Trabaja **cuanto** puede.

EL PRONOMBRE INTERROGATIVO

Las formas del pronombre interrogativo nos indican que la oración de la que forman parte es una pregunta. Sirven para indicar la finalidad de ésta:

—¿Cuánto vale este traje?   —Ciento veinte euros.
—¿Quién ha dicho eso?   —He sido yo.

En el pronombre interrogativo hay una indeterminación, al no aparecer referido a sujeto alguno.

Forma y funciones

- **qué** alude a cosas. Es invariable:

  —¿Qué es eso de ahí?   —¿Qué son esas cosas?

- **quién(es)** alude a personas. Varía en número, pero no en género:

  —¿Quién ha venido?   —¿A quiénes vas a invitar?

- **cuál(es)** pregunta por seres o cosas de una clase ya conocida. También es variable en cuanto al número pero invariable en cuanto al género:

  —¿Cuál es tu nombre?   —De estos guantes, ¿cuáles son los tuyos?

- **cuánto(s)**, **cuánta(s)** es un cuantificador variable en género y número:

  —¿Cuánto vale este libro?   —¿Cuántas veces te lo he dicho?

ESQUEMA DE RELATIVOS E INTERROGATIVOS

	SINGULAR		PLURAL	
	Masculino	Femenino	Masculino	Femenino
Relativos	(el) que	(la) que	(los) que	(las) que
	(lo) cual	(la) cual	(los) cuales	(las) cuales
	quien	quien	quienes	quienes
	cuyo	cuya	cuyos	cuyas
	cuanto	cuanta	cuantos	cuantas

	SINGULAR		PLURAL	
	Masculino	Femenino	Masculino	Femenino
Interrogativos	qué	qué	qué	qué
	quién	quién	quiénes	quiénes
	cuál	cuál	cuáles	cuáles
	cuánto	cuánta	cuántos	cuántas

Pronombre relativo *que*

	Sujeto	Complemento directo
Estoy leyendo un libro	que es muy interesante	que tú debes leer también.
Estoy leyendo una novela	que es muy divertida	que debes leer tú también.
Estoy leyendo dos libros	que son muy interesantes	que tú también debes leer.
Estoy leyendo dos novelas	que son muy divertidas	que tú también debes leer.
Tengo un hermano	que vive en Madrid	que todavía tú no conoces.
Tengo una hermana	que vive en Madrid	que tú no conoces todavía.
Tengo unos amigos	que viven en Madrid	que tú todavía no conoces.
Tengo unas amigas	que viven en Madrid	que tú no conoces todavía.

Que: Invariable para masculino y femenino, singular y plural.
Puede ser sujeto y complemento directo.
Puede tener antecedente de cosa y de persona.

PRONOMBRES RELATIVOS CON PREPOSICIÓN

a. Cosa

La casa	a la que te diriges	es de mis primos.
Las ruinas	ante las que estamos	son romanas.
El toldo	bajo el que estáis	os protege del sol.
Los materiales	con (los) que trabaja Tomás	son difíciles de conseguir.
El muro	contra el que se estrelló su coche	era de ladrillo.
La casa	de cuya chimenea sale humo	es muy antigua.
La emisora	desde cuyos micrófonos os hablo	patrocina este programa.
La botella	en cuya etiqueta pone «Rioja»	contiene vino tinto.
Los árboles	entre cuyas ramas se filtra el sol	son chopos.

b. Personas

El empresario	para el que trabajo ahora	es francés.
La mujer	por la que preguntas	ya no vive aquí.
El chico	de quien te he hablado	va a venir.
Los ladrones	tras quienes va la policía	han desaparecido.
El corredor	a cuya bicicleta se le pinchó una rueda	se tuvo que retirar.
El hombre	hasta cuyo despacho he llegado	debe de ser el jefe.

EL RELATIVO Y SUS POSIBLES SUSTITUCIONES

El pronombre relativo puede sustituirse:

- Por un sustantivo en aposición, acompañado de un complemento prepositivo:

  El gobernador, **que promovió** la urbanización de la ciudad…
  El gobernador, **promotor de** la urbanización de la ciudad…

- Por un adjetivo concertado, con o sin complemento prepositivo:

  Me encantan los niños **que juegan**.
  Me encantan los niños **juguetones**.

- Por una nueva expresión:

  Esta es una prueba **que confirma** nuestras sospechas.
  Esta es una prueba **en apoyo de** nuestras sospechas.

ESQUEMA DEL INTERROGATIVO

a. Personas y cosas: qué, cuál(es)

  —¿**Qué** es tu padre?
  —Es ingeniero industrial.

  —¿**Qué** estás leyendo?
  —Una revista de teatro.

  —¿**Cuál** es tu hermano?
  —El de la camisa verde.

  —¿**Cuáles** son tus zapatos?
  —Los marrones.

b. Personas: quién(es)

  —¿**Quién** va a venir a vernos?
  —Va a venir Jesús.

  —¿**Quiénes** actúan en este concierto?
  —Tomás y Adela. / Los primeros solistas de la orquesta.

c. Cosas y personas: cuánto(s), cuánta(s)

  —¿**Cuánto** dinero llevas?
  —Quinientos euros.

  —¿**Cuántos** soldados desembarcaron?
  —Sólo trescientos.

—¿Cuánta gente cabe aquí?

—Entre mil y mil doscientas personas.

—¿Cuántas horas has tardado?

—Tres horas y media.

FORMAS DEL PRONOMBRE EXCLAMATIVO

Son las mismas del interrogativo, y con las mismas reglas de acentuación, excepto cuál(es):

- qué: ¡Qué calor hace aquí!

- quién(es): ¡Quién lo hubiera dicho!
              La forma de plural se usa muy raramente.

- cuánto(s), cuánta(s): ¡Cuánto ruido hay en esta calle!
                        ¡Cuántas veces me habrás visto allí!
                        ¡Cuántas personas hay en el concierto!

Lo tratado en este capítulo se encuentra en ESPAÑOL 2000,

Nivel elemental: págs. 158, 159, 163, 174, 175 y 176.

Nivel superior: págs. 46 y 49.

29. Del adverbio

EL ADVERBIO

Es la parte de la oración que modifica al verbo, al adjetivo o a otro adverbio:

> Esta semana has trabajado **muy bien**.
> Tu falda es **demasiado** amarilla.
> Al caer, quedó **casi debajo** del camión.

Formas

Se caracteriza por no combinar con los morfemas de género y número. Sin embargo, admite la gradación, y la sufijación del diminutivo:

> Has llegado **rápidamente**.
> Habla **más fuerte**, por favor.
> Tenemos que estar **prontito**.

Es característica del adverbio la terminación en -mente:

> Lento   ⟹ lenta**mente**.
> Abundante ⟹ abundante**mente**.
> Cortés   ⟹ cortés**mente**.

ELEMENTOS QUE FUNCIONAN COMO ADVERBIOS

Pueden desempeñar la función de un adverbio:

- Adjetivos calificativos: Andaba lento. / Hoy vienes locuaz.
- Adjetivos indefinidos: Sudó bastante. / Corría mucho.
- Sustantivos acompañados de numerales: Te lo he dicho mil veces.
- Sustantivos adjetivados: Vivió a lo príncipe. / ¿Agua con gas o sin gas?
- Locuciones: Sin más ni más. / A ojo de buen cubero.
- Cualquier frase de carácter circunstancial: A la antigua. / Al anochecer.

CLASES

Conforme a la clasificación de R. Seco, podemos diferenciar entre adverbios pronominales y nominales, y en ambos casos entre calificativos y determinativos.

Pronominales

	Significación	Interrogativos	Indefinidos	Demostrativos	Relativos	Relativos indefinidos
CALIFICATIVOS	lugar	¿dónde?	en alguna parte	aquí, ahí, allí	donde	dondequiera que
		¿adónde?	a alguna parte	acá allá ahí acullá	(a)donde	(a)dondequiera que
	tiempo	¿cuándo?	alguna vez siempre jamás nunca	entonces ahora hoy ayer mañana	cuando	cuando quiera que
	modo	¿cómo?		así tal	como cual	comoquiera que
DETERMINATIVOS	cantidad	¿cuánto?	algo nada	tanto así	cuanto como	cuanto quiera que
	oracionales	¿sí? ¿no?	acaso tal vez quizá	sí no	sí —	— —

(Clasificación según R. SECO)

Nominales

Calificativos
- **Lugar:**   encima, debajo, delante, detrás, dentro, fuera, cerca, lejos, arriba, abajo, adelante, adentro, afuera.
- **Tiempo:**   antes, después, mientras, pronto, tarde, temprano.
- **Modo:**   bien, mal, mejor, peor, alto, bajo, conforme, duro, buenamente, etc.

Determinativos
- **Cantidad:**   mucho, poco, bastante, demasiado, apenas, casi, más, menos, medio.
- **Oracionales:** necesariamente, absolutamente, ciertamente, también.

ORACIONES ADVERBIALES

- Lugar

Donde es la partícula principal y se agrupa con diferentes preposiciones:

Me voy a donde no me conozcan.
¿Vienes de donde me imagino?
Mire usted por donde camina.
Se fueron hacia donde se les había indicado.
Llegaré hasta donde sea necesario.

- Tiempo

Los adverbios temporales por excelencia son:

Me lo encontré cuando salía.   Está enfermo desde el lunes.
Cántale mientras se duerme.   Mira antes de cruzar.
Ya te lo enseñaré luego.   Después me lo explicarás.
Apenas pudo despedirse.   Te querré siempre.

Colocación

Normalmente, el adverbio se coloca después del verbo:

Me temo que hemos dormido demasiado.

Pero puede colocarse delante para enfatizar su relación con él:

Pronto estaré allí.   Más lo sentirás si te quedas.

Sí y no anteceden siempre al verbo:

Ella sí lo sabía todo.   No esperó a que se lo repitieran.

Los adverbios de negación nunca, jamás, tampoco, cuando se posponen al verbo, exigen que éste vaya en forma negativa:

Nunca estás a tiempo.   : No estás a tiempo nunca.
Jamás te lo confesaría.   : No te lo confesaría jamás.
Juan tampoco viene hoy.   : Juan no viene tampoco hoy.

ADVERBIOS EN –MENTE

Muchos adverbios se forman añadiendo el sufijo -mente a un adjetivo. Si el adjetivo acaba en -o/-a, se forma a partir de -a (externamente); si, por el contrario, acaba en una sola terminación, se añade directamente -mente (interiormente):

- De lugar

Está revestido interiormente de mármol.
Externamente, parece no tener ningún daño.

- De tiempo

> Suele ir a pescar **frecuentemente** al río.
> **Previamente**, nos había mandado los documentos.

- De modo

> Conduces **imprudentemente** mi coche.
> Se ha retirado **discretamente**.

- De cantidad

> Esta semana ha llovido **escasamente**.
> Cenamos **abundantemente** en casa de Javier.

Algunos adverbios en -mente pueden ser sustituidos por la forma *preposición + el nombre correspondiente al adjetivo*:

> Conduces **con imprudencia** mi coche.
> Se ha retirado **con discreción**.

COMPARATIVO Y SUPERLATIVO DE LOS ADVERBIOS

> Rosa juega **bien** al tenis.
> Carmen juega **mejor que** Rosa.
> Lola es **la que mejor** juega.
>
> Paco miente **mucho**.
> Andrés miente **más que** Paco.
> Diego es **el que más** miente.
>
> Tú trabajas **poco**.
> Él trabaja **menos que** tú.
> Yo soy **el que menos** trabaja.
>
> Este queso huele **mal**.
> El pescado huele **peor que** el queso.
> La verdura es **la que peor** huele.

Más

Aunque está extendido, no es admisible el uso de más + adjetivos comparativos (peor, mejor, inferior, superior):

> *Tu coche es **más** inferior que el mío. → Tu coche es inferior al mío.

Recién

En España complementa a participios:

> María está **recién** llegada.

En Hispanoamérica, a verbos en forma personal:

Juan **recién** vino se marchó.

Delante, detrás, encima, debajo, cerca, lejos, enfrente, dentro + adjetivo posesivo pleno está muy extendido en Hispanoamérica:

delante mío, cerca mío...

Dicho uso en España es considerado menos culto; en su lugar se prefiere la forma apocopada precedida de preposición:

delante de mí, debajo de ti.

Lo tratado en este capítulo se encuentra en **ESPAÑOL 2000**,
Nivel elemental: págs. 114, 145, 199 y 243.

30. De los elementos de relación: preposiciones y conjunciones

LAS PREPOSICIONES

La preposición supone la existencia de dos términos relacionados, uno de los cuales ha de ser un sustantivo o expresión sustantivada, que puede manifestarse en forma verbal, adverbial, o incluso, de interjección:

Voy **a** Sevilla.	Disparan **a** matar.	Cantamos **a** dúo.	¡**A** callar!
La casa **de** Luis.	Voy **con** su amiga.	Totalmente **de** su gusto.	¡**Por** tu madre!

La preposición puede expresar ideas análogas a las de los diferentes casos de la desaparecida declinación latina. Es invariable en cuanto a género y número, y convierte al sustantivo en complemento de otra palabra:

El Hospital **de** la Santa Cruz.   Un filete **con** patatas fritas.

Clases

- Preposiciones originarias, procedentes del latín:

    a, ante, bajo, con, contra, de, desde, en, entre, hacia, hasta, para, por, según, sin, sobre, tras

    A las que hay que añadir:

    durante, excepto, incluso, mediante y salvo

- Preposiciones no originarias, de nueva formación. Muchas de ellas son locuciones prepositivas:

    a causa de, a excepción de, alrededor de, a pesar de, al lado de, además de, antes de, cerca de, con respecto a, de acuerdo con, debajo de, delante de, dentro de, detrás de, en cuanto a, enfrente de, frente a, fuera de, junto a, lejos de, en torno a, encima de, favorable a.

Significación

Las preposiciones pueden indicar opciones significativas de:

- **Lugar:**
  Tengo la cartera **encima de** la mesa.
  Julio está **al lado de** Alfredo.

- **Tiempo:**
  Llegaremos **después de** la cena.
  Antes de nada, vamos a estudiarlo.

- **Modo:**
  Conduce **con** prudencia.
  He actuado **según** las normas.

- **Finalidad:**
  Estudió lo justo **para** no suspender.
  He venido solamente **por** verte.

- **Origen:**
  Traen regalos **de** Alemania.
  ¿Vienes andando **desde** el parque?

- **Causa:**
  Han cedido **ante** la presión de sus jefes.
  Fue arrestado **por** insubordinación.

Usos generales

Las preposiciones pueden poner en relación diversas partes de la oración:

- Un nombre con su término: Carne **de** caballo, sofás **de** cuero.
- Un adjetivo con su complemento: Sencillo **de** explicar, maduro **para** su edad.
- Un verbo con sus complementos: He visto **a** Juan, viajan **por** carretera.
- Los complementos del verbo entre sí: Dale estos libros **a** Joaquín.

Usos particulares

- **a** acompaña a los complementos directos de personas o animales personificados:

    Vi **a** Juan y **a** María.   Tiró **al** gato por la ventana.

El complemento directo puede llevar **a** para evitar la posible ambigüedad con el sujeto:

    Llamaron **a** los amigos # los amigos.

- acompaña al complemento indirecto:

    Le dije **a** Ana varias cosas.   Ponle un collar **a** tu perro.

- indica destino:

  Este tren va a San Sebastián.

- hacia enfatiza el camino o el movimiento, pero no aclara si se llega o no al destino:

  Cuando los vi, iban hacia París.

- hasta expresa el punto final del movimiento o del período de tiempo:

  Puedo acercarte hasta tu casa.
  Voy a esperar hasta las ocho.

- para indica la dirección del movimiento:

  Este autobús va para el centro de Madrid.

- por expresa itinerario o trayectoria:

  Al volver, hemos pasado por Zaragoza.

- de, desde indican el origen o el punto de partida, tanto espacial como temporal:

  Se ha caído una maceta de la ventana.
  No le había visto desde el día de Navidad.

  En ciertos casos, pueden intercambiarse:

  Abierto de nueve a dos : Abierto desde las nueve hasta las dos.
  Viene de El Escorial   : Viene desde El Escorial.

  Pero cuando el verbo no es de movimiento, es obligado el uso de desde:

  Desde aquí no oigo nada,   y no: *De aquí no oigo nada.

  Sin embargo, se dice:

  De diez a once.   Desde las diez a (hasta) las once.

- en, dentro de expresan situación interior o transcurso de tiempo:

  Se perdió en una gruta.   Estarás bien en un par de días.
  Ha caído dentro de un pozo.   Te veré dentro de un mes.

- en, sobre, encima de indican situación en la superficie de un lugar:

  Encontrarás tus cuadernos en el piano.
  Siempre pone los pies sobre la mesa.
  Encima de la cama he dejado el abrigo.

USOS Y VALORES DE *POR* Y *PARA*

• por se emplea para expresar:

– lugar de paso	He entrado **por** la ventana.
– medio de realización	Llámame **por** teléfono.
– intercambio	Te doy mil euros **por** el ordenador.
– causa o motivo	Te han condenado **por** estafa.
– duración temporal	Hemos venido **por** dos semanas
– agente en oración pasiva	Fue golpeado **por** los atracadores.
– por + infinitivo = causa	Tropecé **por** ir distraído.
– estar por + infinitivo	**Estoy por** dimitir, si esto sigue así.
– por lo + adjetivo/ /participio = causa	**Por lo visto**, no se ha enterado de nada.

Forma parte de las expresiones: por lo general, por ahora, por favor, por ejemplo…

• para se usa para indicar:

– finalidad	Os lo dije **para** preveniros.
– destino, término	Me voy **para** Vigo en moto.
– persona destinataria	Esta carta debe de ser **para** Elena.
– plazo, fecha	Terminarán el chalet **para** la primavera.
– adecuación	No me parece momento **para** reclamar.
– actitud	Siempre está lista **para** lo que haga falta.
– para + infinitivo (realización inmediata)	El avión está **para despegar** de un momento a otro.
– como para + infinitivo (expresión modal)	Esta sopa está **como para chuparse** los dedos.

USOS Y VALORES DE *A, EN, DE, ENTRE*

• a se emplea para expresar:

– dirección	Mañana viajaré **a** Oviedo.
– tiempo	¿Ya estamos **a** viernes? Os espero **a** las cinco.
– manera	No me gusta escribir **a** máquina.
– compl. directo de persona	Han expulsado **a** dos jugadores.
– compl. indirecto	¿Le doy dinero **a** Víctor? Ponle pilas **a** este reloj.
– situación	El sofá está **a** la derecha.
– condición	**A** decir verdad, no lo sé.

- en puede indicar:

  – lugar en el que se está   Nos encontramos **en** las afueras de Orense.
  – tiempo   **En** diez minutos estoy ahí. Hace calor **en** verano.
  – medio de locomoción   Unos han venido **en** tren; otros, **en** coche.
  – modo   Te lo estoy diciendo **en** serio ¿eh ?

  Forma parte de las expresiones: **en** realidad, **en** general, **en** serio, **en** broma, **en** confianza...

- de sirve para expresar:

  – lugar de origen   Espárragos **de** Aranjuez, naranjas **de** Valencia.
  – tiempo   Hoy es 24 **de** noviembre **de** 2006.
  – materia   Cubiertos **de** plástico, figuras **de** cera.
  – sistema   Radio **de** transistores, coche **de** pedales.
  – precio   Tiene un apartamento **de** 100.000 euros
  – profesión u oficio   Fue **de** profesor a Londres.
  – condición   **De** ser cierto, es un gran descubrimiento
  – modo   Desayuno **de** pie. Lo han hecho **de** mala manera.
  – estado de ánimo   ¿Estás **de** mal humor?
  – propiedad   Esta finca es **del** Marqués de Navacerrada.
  – partitivo   ¿Podéis darme un poco **de** pan?

- entre expresa:

  – reciprocidad   **Entre** tú y yo lo haremos.
  – lugar   El pueblo está situado **entre** Granada y Málaga.
  – tiempo   Iré **entre** las cinco y las seis.

PREPOSICIONES TEMPORALES

A	A primeras horas de la mañana, se despertó.
	A media noche estábamos en la carretera.
Alrededor de	Mi marido llega **alrededor de** las ocho.
A las	Llegaron **a las** siete de la tarde.
	El avión despega **a las** diez.
Antes de	**Antes de** la comida me lavo las manos.
De... a...	Doctor Mata: Consulta **de** 5 **a** 8.
	Cerrado **de** dos a cuatro.
De = Durante	**De** noche estudiábamos en tiempos de examen.
Desde... hasta...	Anduvimos **desde** el amanecer **hasta** bien entrada la noche.
	Te he esperado **desde** las once **hasta** la una.

Después de	Después de la comida tomo una taza de café.
Durante	Durante el invierno hace aquí mucho frío.
En	Estarán aquí en media hora.
	En diez minutos nos vamos.
Entre	Te espero entre las dos y las tres.
Para	Lo tendré arreglado para la semana que viene.
	Para la primavera tenéis que haber acabado.
Por	Nos quedamos por una semana.
	Por la tarde hace más calor.
Tras = Después de	Lo encontraron tras dos días de búsqueda.
	Tras la tempestad viene la calma.

PREPOSICIONES CAUSALES Y MODALES

A causa de	El aeropuerto está cerrado a causa de la niebla.
A pesar de	A pesar de sus súplicas, ella se marchó.
Con	Con este humo, casi no se puede respirar.
Debido a	Hemos cerrado la tienda debido a las obras.
En lugar de	Se fue al cine, en lugar de estudiar filosofía.
En vez de	Me pondré el abrigo, en vez de la gabardina.
Según	Según las encuestas, el nuevo presidente será Gómez.
Sin	No habríamos acabado sin vuestra colaboración.

VERBOS + PREPOSICIÓN

a	con	de	en	por	sobre
acoplar(se)	acabar	acordarse	admitir	abogar	abalanzarse
adaptar(se)	acordar	acusar(se)	afanarse	acabar	afianzar(se)
adherir(se)	comenzar	bajar(se)	ahondar	agobiarse	alzar(se)
afectar	comerciar	constar	bañar(se)	atravesar	apoyar(se)
aficionar(se)	contar	defender(se)	basar(se)	cambiar(se)	asentarse
aprender	continuar	diferenciar(se)	caer(se)	castigar	brincar
bajar(se)	convenir	fiarse	confiar	censurar	caer(se)
comenzar	cumplir	importar	convertir(se)	comprar	conversar
decidirse	disfrutar	irse	creer	decidir(se)	decidir
empezar	disgustarse	informar(se)	entrar	enfadarse	descargar
exportar	empezar	hablar	esforzarse	estar	discutir
ir(se)	enfadarse	levantar(se)	especializar(se)	hablar	documentarse
jugar	entenderse	ocuparse	estar	interesarse	estar
llegar	familiarizarse	padecer	exceder	luchar	hablar

a	con	de	en	por	sobre
marchar(se)	gozar	preocuparse	graduarse	merodear	informar(se)
negarse	hablar(se)	proteger(se)	hablar	molestarse	jurar
obligar(se)	irritarse	reclamar	ir(se)	pasar	lanzar(se)
poner(se)	jugar	reírse	mediar	preguntar(se)	montar(se)
referirse	negociar	sacar	pensar	quejarse	opinar
remitir(se)	pactar	salir(se)	profundizar	suspirar	pegar
renunciar	romper	sufrir	quedar(se)	sustituir	poner(se)
salir(se)	salir	tratar(se)	sentar(se)	tomar	subir(se)
subir(se)	simpatizar	untar(se)	situar(se)	trepar	tratar
venir(se)	soñar	venir(se)	trabajar	vender(se)	vencer
volver(se)	terminar	volver(se)	volver(se)	votar	versar

LAS CONJUNCIONES

Son, al igual que las preposiciones, elementos de relación. Pero, a diferencia de ellas, no sólo relacionan palabras, sino también oraciones.

La conjunción es la palabra que establece una relación coordinativa o subordinativa entre formas lingüísticas.

Clases

COORDINANTES

- Copulativas: expresan unión.

> Vinieron Carmen y Ricardo; Ana e Irene.
> No tengo dinero ni tiempo para eso
> Es una lástima que seas tan tozudo.

- Disyuntivas: expresan opción entre varias posibilidades.

> ¿Venís en el coche o vais andando?
> Acostúmbrate a ellos, u olvídalos.
> Bien sea voluntariamente, bien por obligación, os vais a callar.
> Ya fuera por desgana, ya por ignorancia, no asistió a la reunión.
> Siempre está allí, ora cantando, ora bailando.

- Adversativas: indican una objeción o un obstáculo que se vence.

> Es difícil, pero lo conseguiré.
> Aunque no estés de acuerdo, tendrás que resignarte.
> Hacía mal tiempo, mas acabó saliendo el sol.
> Tengo poco tiempo; sin embargo, os concedo unos minutos.
> Él está enfermo; no obstante, ha ido a trabajar.
> No debes rendirte, sino luchar y salir adelante.
> No se amilanó, antes le plantó cara.

- Ilativas: expresan consecuencia o efecto.

  > Está la luz encendida, **luego** deben de estar en casa.
  > Que lo compre él, **pues** tiene más dinero.
  > Pepe no vendrá; **por consiguiente**, no hay que esperarle.

- Causales: indican causa o motivo.

  > Tropecé **porque** estaba todo muy oscuro.
  > No irá hoy a clase, **pues** está constipada.
  > **Puesto que** tú lo dices, hay que creerlo.

- Explicativas: aparecen uniendo dos oraciones en las que la segunda explica el sentido de la primera.

  > Juan es profesor, **es decir**, imparte clases.

Subordinantes

- Conjunciones que introducen oraciones subordinadas sustantivas en función de sujeto o de complemento directo:

  > Haz **como que** no le has visto.
  > Dime **si** piensas hacerlo.

- Conjunciones que introducen oraciones subordinadas de complemento de un nombre o de un adjetivo:

  > No tengo nada **de que** arrepentirme.
  > Busca una llave **con que** abrir esta puerta.

- Conjunciones que introducen oraciones adverbiales (de lugar, tiempo, modo o cantidad):

  > Ahí es **donde** nos encontramos a Isabel.
  > Allí estaban **cuando** los llamaron.
  > Se lo advertí **antes de que** se fuera.
  > Así es **como** debemos hacerlo.
  > Le dio **cuanto** tenía en la cartera.

- Conjunciones concesivas y condicionales.

  > Lo conseguiré **aunque** me cueste toda la tarde.
  > Siéntate, **si** encuentras una silla.
  > Jaos, **ya que** habéis venido.

- Conjunciones y locuciones finales.

  > Me voy **a fin de que** podáis descansar.

☐ LOCUCIONES CONJUNTIVAS

Se llaman así las formadas por preposiciones o adverbios, acompañados frecuentemente de la forma conjuntiva que:

> Ahora te quedas castigado, **para que** aprendas.
> Tienes que comértelo, **después que** te lo han traído.
> No le convencerás, **por más que** insistas.
> **Siempre que** te veo me dices lo mismo.

Atención

si no es condicional negativa:

> **Si no** lloviera tanto, iríamos a pasear.

sino es adversativa e indica contrariedad:

> No ha estado bien, **sino** regular.

si bien = aunque:

> Estudió toda la noche, **si bien** con dolor de cabeza.

como:

> Ha tardado **como** (aproximadamente) 15 horas.
> Te hablo **como** (en calidad de) hermano.
> **Como** (porque) he acabado el trabajo, vengo a verte.
> **Como** (si) tardes demasiado, me marcho.

Los usos y formas de las conjunciones y locuciones conjuntivas se explican adecuadamente en los capítulos dedicados a la oración compuesta.

Lo tratado en este capítulo se encuentra en **ESPAÑOL 2000**,

Nivel elemental: págs. 147, 208, 221 y 234.

Nivel medio: págs. 38, 73, 95, 214 y 215.

31. De la oración

LA ORACIÓN

Esencialmente se ha intentado definir la oración como:

- La unidad mínima de comunicación.
- Un conjunto de palabras que tiene sentido completo.
- Un conjunto de palabras que se caracteriza por el tono de la voz o por los signos de puntuación, en cuanto que puede ser aseverativa, exclamativa o interrogativa.

La oración es un tipo especial de enunciado en el que el verbo —o sintagma verbal— contiene dos unidades significativas, entre las que se establece la relación predicativa de sujeto y predicado:

> La casa es grande.

Llamamos frase a cualquier grupo de palabras conexas y dotadas de sentido, pero no con sentido completo en sí mismas, y que carecen de núcleo verbal en el que se pueda cumplir la relación predicativa:

> Los álamos altivos.
> En aquel lugar solitario y aburrido.

Todas las oraciones son frases, pero no todas las frases son oraciones.

LOS COMPONENTES DE LA ORACIÓN

La oración consta de un sintagma sujeto y un sintagma predicado, los cuales están relacionados por la concordancia de número y persona. En español, desde una perspectiva formal, no es necesario explicitar el sujeto, puesto que el predicado contiene al sujeto que no se explicita:

> Los niños corren.
> Como todos los días a las doce, él la llama por teléfono.

A.   Sintagma nominal sujeto

Para que exista un sintagma nominal sujeto tiene que haber un núcleo cuya función la desempeñe el sustantivo o cualquier otra palabra que inmediatamente se sustantivará:

> La casa es grande.   Ella es estudiosa.
> Esto es fenomenal.   Querer es poder.

El sustantivo es la palabra esencial del sujeto; cualquier otra palabra que no sea sustantivo, pero que actúe como sujeto, se sustantiva. Desde una perspectiva semántica, el sustantivo sirve para designar a los objetos o personas pensándolos como conceptos independientes.
El sujeto de la oración se reconoce por su relación con el verbo:

> El hombre del traje gris anduvo a la deriva.
> ¿Quién anduvo a la deriva?   El hombre del traje gris.

Modificadores del sintagma nominal

Si observamos la oración anterior, el sujeto hombre va acompañado de la palabra el, que funciona como modificador. Cuando los términos (el, gris, este...) van unidos al núcleo sin que haya de por medio preposición alguna, se denominan modificadores directos.
Los adjetivos son, por excelencia, los modificadores directos:

> El hombre del traje gris.

Se denominan modificadores indirectos cuando entre el núcleo y el término que lo modifica existe un nexo que se llama preposición:

> El hombre del traje gris.

Clases de sujeto

- Sujeto expreso: Las aceras están destrozadas.
- Sujeto no expreso: Estudias demasiado. (tú)
                          Estoy llegando al colmo de mi resistencia. (yo)

Cuando varias oraciones tienen el mismo sujeto, sólo se expresa en la primera de ellas.

> Antonio es alto, delgado, pálido. Lleva gafas oscuras. Anda por las esquinas...

- Sujeto cero (en las llamadas oraciones impersonales):

> Conviene esforzarse todos los días.

- Sujeto agente: El que realiza la acción anunciada por el verbo:

> Pablo habla demasiado.

- Sujeto paciente: El que recibe la acción anunciada por el verbo:

> Las elecciones han sido muy reñidas.

B. PREDICADO

El predicado es lo que se afirma o niega del sujeto. En toda oración puede establecerse una relación entre sujeto y predicado, y, entonces, se llamará oración bimembre:

> Juan estudia español.

Cuando no se expresa la relación sujeto-predicado, se denomina oración unimembre:

> Nieva, truena, graniza.

La palabra que ocupa el núcleo del predicado es un verbo:

> Luis duerme como un lirón.

Clases de predicado

- El predicado nominal atribuye al sujeto cualidades expresadas por un sustantivo, un adjetivo, una frase o una expresión:

> Camilo es escritor. Ese coche es grande.
> Los niños son estos. Esto es vivir.

El predicado nominal se llama también atributo.

- El predicado verbal atribuye al sujeto algún fenómeno, cambio o accidente. A los verbos que enuncian lo que hace el sujeto se les llama predicativos:

> Los niños juegan todos los días.

Complementos del predicado

Completan el significado verbal:

- Complemento directo:

> Me dedicaron una calle del pueblo.
> Vi a Juan al salir del cine.
> Susana dijo que no vendría con nosotros.

La preposición a acompaña al complemento directo cuando se trata de un nombre de persona, animal o cosa personificada:

> Han operado a Maribel.
> Conducía a Rocinante por las riendas.

También cuando el complemento directo es un sustantivo común con artículo o determinante:

> Felicita **a los alumnos**.
> No castiguéis **a esos chicos**.

Se emplea **a** delante de él, ella, usted, ellos, ellas, ustedes, este(a), ese(a), aquel(la), alguien, nadie, ninguno(s), ninguna(s), quien(es), cualquiera, otro(s), otras(s), cuando se refieren a personas:

> No veo **a nadie**.   Espero **a otra persona**.

Si el complemento directo está formado por dos o más nombres, la preposición **a** irá sólo en el primer nombre, en el caso que la lleve:

> El maestro felicitó **a Juan y Carmen**.

- Complemento indirecto:

  > Llevo flores **a mi hermana**.
  > Compra un cuadro **para el salón**.
  > **Me** hicieron una oferta atractiva.

- Complementos circunstanciales:

Añaden al sentido de la oración nuevos datos de la experiencia, pero no afectan al sentido concreto del verbo. Pueden ser expresados:

a. A través de un adverbio o locución adverbial:

> Llovió **copiosamente**.   Espero verte **por la mañana**.

b. A través de sustantivos o frases sustantivadas, acompañadas de preposición:

> Veo toda la sierra **desde mi ventana**.

c. Con frases de sentido temporal o cuantitativo sin preposición:

> Estuvo en la calle **todo el día**.

d. Con estructuras en las que aparecen el infinitivo, gerundio o participio:

> Al **llegar**, se dio cuenta de su error.
> **Estudiando** mucho, podemos aprobar.
> Se dispersaron, **terminada** la reunión.

Desde un punto de vista semántico, se pueden señalar en el complemento circunstancial los matices siguientes:

> De lugar: Caminábamos **por la ciudad**.

De tiempo: Hace mucho que no hablo con él.
De modo   Duerme plácidamente.
De medio: Me han pagado con dinero falso.
De compañía: Estuve en casa con mis padres.
De cantidad: Ha comprado varias antigüedades por poco dinero.
De origen: Vengo de Ciudad Real.
De materialidad: Cubrieron las ventanas con visillos.
De causa: No llores por la leche derramada.
De fin: Ahorra para comprarte el ordenador.
De duda: Tal vez estén en el salón.

LA CONCORDANCIA

El sujeto concuerda con el predicado en número y persona. Cuando un predicado tiene varios sujetos coordinados debe ponerse en plural y concordar con la primera persona si la hubiere; si no, con la segunda, y así sucesivamente:

Los chicos están estudiando.
Juan, tú y yo nos vamos a divertir.
Tú y ella lo pasáis muy bien.

Cuando el sujeto es un nombre colectivo, el verbo puede concertar con el sujeto en plural, aunque lo normal es la concordancia en singular:

La multitud arremetió contra las vallas.
La mitad de los alumnos se escaparon.

El verbo ser, cuando es copulativo, concuerda a veces con el atributo y no con el sujeto:

Lo que importa son la gloria y las medallas.

Si dos o más infinitivos sin artículo funcionan como sujetos, el verbo concuerda con ellos en singular:

Oír y callar es norma de prudencia.

Cuando el sujeto está formado por dos o más demostrativos neutros, el verbo debe ir en singular:

Esto y aquello es todo lo que puedo decir.

LA ORACIÓN SIMPLE

Es la que consta de un sujeto y un predicado. Por tanto, tiene un solo verbo conjugado.

Dejé el coche en el taller.

Si tiene más de un sujeto y predicado, se considera oración compuesta:

Me voy, pero volveré pronto.

Al definir la oración como unidad del habla real con sentido en sí misma, es necesario tener en cuenta la intención del hablante, es decir, la intención o actitud con que se enuncia aquello que se quiere decir:

Mañana lloverá.
Creo que mañana lloverá.
Es probable que mañana llueva.

Además de lo expresado, puede indicar sorpresa, mandato, admiración, exclamación, etc.:

¡Mañana lloverá!   ¿Mañana habrá clase?

Los gestos, la entonación, la situación de los interlocutores, los signos léxicos gramaticales, la disposición anímica, la expresión de duda, posibilidad, deseo, admiración, etc., varían según sea la actitud del hablante en cada caso concreto. Un segundo criterio es la naturaleza gramatical y semántica del sujeto y predicado.

Por ello, las oraciones simples pueden dividirse así:

	enunciativas	afirmativas
		negativas
Según la calidad psicológica del juicio o según la actitud del hablante	exclamativas	
	de posibilidad	
	dubitativas	
	interrogativas	
	optativas	
	desiderativas	
	exhortativas	

	copulativas
	predicativas
	transitivas
Según la naturaleza gramatical del predicado	intransitivas
	pasivas
	reflexivas
	recíprocas
	impersonales

(Esta clasificación es válida también para las oraciones compuestas.)

CLASES DE ORACIONES SIMPLES

A. ATENDIENDO A LA ACTITUD DEL HABLANTE, SE PUEDEN DISTINGUIR:

Enunciativas

Las oraciones enunciativas (declarativas o aseverativas) son las afirmativas y las negativas. El hablante siempre atribuye una realidad objetiva a los dos términos del juicio. Son oraciones en las que se asegura algo, bien para afirmar o para negar. Se expresan gramaticalmente con el verbo en indicativo:

> Te espero en la calle.
> En este país llueve demasiado.

En las negativas nos hemos de valer de adverbios de negación: no, nunca, jamás y cuantas palabras o expresiones indiquen la negación:

> No quiero ir al cine contigo.
> Nunca había llovido tanto como ahora.

Los adverbios de negación van siempre delante del predicado. La negación puede reforzarse con otro término negativo:

> No permite que nunca nadie le lleve la contraria.

Si se utiliza la negación no seguida de la preposición sin, se produce afirmación:

> No sin protestas, se disolvió la reunión. (= con protestas)

Algunas expresiones, como en mi vida, en todo el día/mes/año, un bledo, un comino, etc., transfieren a la oración un sentido negativo:

> En toda la semana se le ha visto por aquí.
> En mi vida había oído una cosa igual.

Exclamativas

Las oraciones exclamativas expresan sentimientos de sorpresa, admiración, alegría, dolor, ira, pesadumbre. La entonación y los signos ortográficos (¡!) las diferencian:

> ¡Qué bien has estado!
> ¡Qué belleza la tuya!

Las interjecciones y otro tipo de construcciones pueden ayudar en el habla a realizar la exclamación: ¡ah!, ¡oh!, ¡uy!, ¡hola!, ¡ya!... ¡Qué pena! ¡Por Dios! ¡Qué diantres! ¡Pero hombre!...

Las oraciones exclamativas guardan cierta relación con las enunciativas. A medida que la emotividad va perdiendo fuerza y la afectividad es más moderada, nos vamos acercando a las enunciativas.

De posibilidad y dubitativas

Si al hablar expresamos vacilación en lo que decimos, si creemos que no hay seguridad para afirmar o negar categóricamente, estamos ante la expresión de probabilidad o duda.

- Para expresar la posibilidad y probabilidad en el presente y en el pasado inmediato, se utilizan los futuros simple y compuesto, respectivamente:

  Podrán acercarse. (Probablemente pueden acercarse.)
  Habrán podido acercarse. (Probablemente se han podido acercar.)

- Para expresar la posibilidad y probabilidad de un hecho pasado o futuro se emplean el condicional simple y las formas de futuro:

  Serían las nueve. (Probablemente eran las nueve).
  Se estudiará el asunto con detenimiento. (Será estudiado.)
  Mañana, probablemente habremos terminado el trabajo.

  Cuando la posibilidad o probabilidad se enuncia en el pasado perfecto, usamos el condicional perfecto o el pluscuamperfecto de subjuntivo:

  Habrían sido como unos momentos.
  Si hubiera empujado la puerta…
  Te confirmo que habríamos publicado la encuesta.

- El futuro de probabilidad indica suposición o vacilación referidas al presente:

  Estará enfadado.

- El sentido de la duda (acaso, tal vez, quizá) es más evidente con el empleo del modo subjuntivo:

  Tal vez vuelva mañana.

Interrogativas

Las oraciones interrogativas son aquellas que, por medio de una pregunta acompañada de los signos de interrogación (¿?) o de una entonación especial, se dirigen al interlocutor para que nos resuelva una duda o nos diga algo que ignoramos.
Las oraciones interrogativas se dividen en: generales o dubitativas y parciales o determinativas.

Si preguntamos sobre la verdad o falsedad de un juicio, la pregunta es general:

¿Has comprado el pan?

En la oración interrogativa, el verbo suele ocupar el primer lugar, aunque sintácticamente puede ir primero el sujeto y luego el verbo:

¿Tienes dinero?
¿El tren llegará tarde?
El tren ¿llegará tarde hoy?

En las parciales o determinativas se pregunta, no por el predicado, sino por el sujeto o por cualquier otro de los elementos de la oración:

¿Quién irá al cine?

Las oraciones interrogativas parciales se caracterizan por llevar, al comienzo de la oración, los términos siguientes: qué, quién, cuál, cuándo, cuánto, dónde, cómo:

¿Dónde está el bolígrafo?   ¿Cuándo llegará el correo?

Optativas o desiderativas

En las oraciones optativas o desiderativas expresamos el deseo de que se cumpla o no un hecho. Suelen ir en subjuntivo:

Me encantaría ir contigo.

Cuando el deseo es posible en su realización, empleamos el presente de subjuntivo:

¡Ojalá te diviertas!

Cuando el deseo pensado lo sentimos como imposible en su realización, empleamos el pretérito imperfecto de subjuntivo:

¡Si tuvieran más medios!

Cuando el deseo se refiere al futuro, empleamos el presente o el pretérito imperfecto de subjuntivo, sin que se vea afectado el sentido:

¡Ojalá pueda por sí sola!   ¡Ojalá pudiera por sí sola!

Exhortativas o imperativas

Las oraciones exhortativas recogen matices que expresan mandato, orden, consejo, ruego, petición, súplica, reproche, prohibición... si bien, a veces, es difícil distinguir con nitidez la complejidad de estos matices.

Si el mandato expresa exhortación y a la vez incluye ruego, se elige el presente de subjuntivo:

> Callen, por favor.

Si el mandato es de carácter imperativo, es decir, expresa una orden que tiene que ser cumplida, el verbo selecciona el imperativo:

> Trabajad por el bien de todos.

Cuando el mandato es una prohibición, empleamos el presente de subjuntivo:

> No trabajéis tanto.

Las formas del imperativo o del subjuntivo pueden ser sustituidas por el futuro de indicativo cuando el mandato o la prohibición se exprese de un modo absoluto y sin referencias a tiempo y lugar:

> No permitirás que te engañen.
> Estudiarán, a buen seguro, con cabeza.

B. DE ACUERDO CON LA NATURALEZA GRAMATICAL DEL PREDICADO, HAY DOS CLASES DE ORACIONES SIMPLES: DE PREDICADO NOMINAL Y DE PREDICADO VERBAL:

De predicado nominal o COPULATIVAS:	Carlos es médico.
	Elisa está enferma.
	Estas palabras no parecen adecuadas.
De predicado verbal o PREDICATIVAS:	Luis juega al fútbol.
	El perro come en el jardín.
	La maleta pesa mucho

Atributivas o de predicado nominal con verbo copulativo

Por medio de los verbos copulativos ser, estar o parecer, se atribuyen al sujeto conceptos:

– adjetivos:	Alfonso es alto.
– sustantivos:	Carmen es médico.
– pronominales:	Jorge es aquél.
– preposicionales:	Gonzalo es de Salamanca; El caballo parece de buena raza.
– adverbiales:	Nieves está cerca.

Se llaman oraciones copulativas porque con los verbos ser, estar y parecer se enlaza al sujeto con el predicado, sin que el verbo añada o altere el significado de la oración.

Cuando el complemento predicativo es sustantivo, pronombre, adjetivo determinativo o infinitivo, se utiliza el verbo ser:

Dormir es soñar.   Juan José es músico.

Se suele emplear estar con los juicios que dependen inmediatamente de nuestra experiencia: El agua está fría.

Además de ser y estar, existen verbos que pueden servir de nexo entre el sujeto y el complemento predicativo ya que presentan en común con ser y estar la concordancia del adjetivo con el sujeto. Son verbos que pueden expresar estado, movimiento, situación, apariencia, tales como: dormir, vivir, quedar, hallar, llegar, venir, parecer:

El atleta llegó cansado.
El niño duerme feliz.
Sonia parecía enfadada.

Predicativas o de predicado verbal

Cuando la oración expresa una transformación en la que participa el sujeto, se llama predicativa. Es indispensable la presencia del verbo:

Adolfo barre.
Adolfo barre la calle.
Adolfo barre la calle todos los días.

Los complementos del predicado son: complemento directo, complemento indirecto y complemento circunstancial.

Las oraciones de predicado verbal pueden ser: transitivas, intransitivas, reflexivas, recíprocas, impersonales, unipersonales y pasivas.

TRANSITIVAS son las que tienen complemento directo:

Pedro ha alquilado **un coche** para su trabajo.

INTRANSITIVAS son las que carecen de complemento directo, aunque vayan acompañadas de otros complementos. Semánticamente, el verbo intransitivo es autosuficiente:

El lunes **anduvimos** de viaje.

PASIVAS son aquellas en que el sujeto paciente sufre o recibe la acción verbal que otro ejecuta. La oración pasiva consta de un sujeto paciente, de un verbo transitivo en voz pasiva y de un complemento agente que, si aparece, va precedido de las preposiciones de o por:

La obra fue acabada **por** su hijo.

REFLEXIVAS son aquellas cuyo sujeto es al mismo tiempo agente y paciente, y cuyo predicado lleva una de las formas átonas de los pronombres personales. Estos pronombres pueden desempeñar la función de complemento directo o indirecto:

> Me lavo la cara en un momento.
> Me baño todos los días.

RECÍPROCAS son las oraciones en que dos o más sujetos ejecutan y a la vez reciben la acción del verbo. Son una especie de reflexivas, puesto que necesitan de las formas átonas se, nos, os:

> Luis y Carmen se cartean.
> Los cinco hermanos os habéis peleado.

IMPERSONALES son las oraciones que se caracterizan por la indeterminación del sujeto. Éste no se expresa, bien por desconocimiento, bien porque se calla intencionadamente, o porque no tiene interés para el interlocutor:

> Llaman a la puerta.
> Me felicitaron por mi discurso.
> No nos dejan entrar.
> Se vive bien en Sevilla.

UNIPERSONALES son las que aparecen formuladas en tercera persona de singular. Son, en general, verbos que indican fenómenos de la naturaleza:

> Aquí llueve frecuentemente.
> Ha granizado toda la mañana.

También pueden formarse oraciones unipersonales con los verbos ser, estar, haber y hacer:

> Es muy temprano para eso.
> Está bastante nublado.
> Hay pocas posibilidades de éxito.
> Hace un calor sofocante.

ESQUEMA DE LA ORACIÓN SIMPLE

ATRIBUTIVAS o cualitativas

La mañana era soleada.
Sé discreta, Laura.

OBJETIVAMENTE
o por la naturaleza
del predicado

PREDICATIVAS

transitivas: El profesor trae sus apuntes.
intransitivas: Esta chica baila demasiado.
de verbo de estado: Residen en Santander.
pasivas: El poema ha sido escrito por ella.
reflexivas: Víctor se ha puesto las botas.
recíprocas: José y Juan se insultaron.
impersonales: Aquí se habla alemán.
unipersonales: Nieva en las montañas con intensidad.

SUBJETIVAMENTE
o por la naturaleza
psicológica
del juicio

RESPECTO DEL PREDICADO

indicativas: Mi hermano vendrá esta noche.
de posibilidad: Eso lo supondrías.
dubitativas: Tal vez eso no sea cierto.
dubitativo-interrogativa: ¿Qué podremos hacer?
dubitativo-exclamativa: ¡Que ahora vengas con eso!
exhortativas: No os olvidéis de ella.
optativas: ¡Válgame Dios! ¡Ojalá salga el sol!

RESPECTO DEL JUICIO

afirmativas: Creced y multiplicaos.
negativas: Yo no lo haría.
interrogativas: ¿Ya ha salido el tren?
exclamativas: ¡Qué mal huele!

Las oraciones impersonales son las que carecen de sujeto léxico y pueden presentar las formas siguientes:

- Con la forma se: Se aplaudió al maestro; Se pasa mal cuando se está enfermo.
- Con haber y hacer: Hay muchas posibilidades de salir bien; Hace unos días demasiado calurosos.
- Con verbos que indiquen fenómenos atmosféricos: Llueve demasiado en el norte.
- Con verbos como ser, estar, parecer, bastar: Es de noche; Está nublado; Parece que está nublado.
- Con verbos en tercera persona del plural: cuentan que un día…
- Con estructuras sintácticas impersonales: nos dio por llorar.

La interjección

Forma un grupo de palabras en el enunciado y puede constituir por sí sola un tipo de enunciado en el discurso con carácter imperativo, interrogativo o exclamativo, según la entonación o la puntuación que le acompañe.

Las formas más comunes son: ah, eh, oh, bah, uf, uy, ay, ea, hola, ojalá, olé…

También pueden funcionar como interjecciones: mira, oye, vaya, cuidado, caramba, socorro, auxilio, bravo, fuera, ánimo…

Y las locuciones interjectivas: Ay de mí, Dios mío, gracias a Dios, vaya por Dios… y un numeroso grupo de expresiones referidas a la religión, al sexo, etc., que se emplean en la lengua coloquial en el registro informal (¡leche!, ¡joder!, ¡hostias!, ¡carajo!).

Lo tratado en este capítulo se encuentra en ESPAÑOL 2000, Nivel superior: pág. 221.

32. De la oración compuesta

Según Emilio Alarcos Llorach (*Gramática de la Lengua Española*, cap. XXVII), la oración se caracteriza por los siguientes rasgos:

1.º Como enunciado que es, está delimitada entre dos pausas (inicial y final) y va acompañada de un contorno melódico o curva de entonación, a veces interrumpida por pausas intermedias de menor duración.
2.º Como todo enunciado, la oración transmite una comunicación de sentido cabal en cada situación de habla concreta.
3.º Frente a otro tipo de enunciados, las oraciones contienen una palabra, el verbo, en que se hace patente la relación predicativa, y por ello, este puede por sí solo constituir una oración.
4.º La relación predicativa consiste en la fusión dentro de una sola palabra (el verbo) de un signo léxico y otro morfológico, con lo cual, en el contenido, queda asociado el significado de la raíz verbal con un morfema o accidente de persona (aparte de que se combinen con él otros morfemas).

LA ORACIÓN COMPUESTA

Cuando en la oración se da más de una relación sujeto-predicado, es decir, cuando en ella encontramos dos o más verbos relacionados entre sí y, al menos, uno de ellos está en forma personal, hablamos de oración compuesta.

> Ignacio trabaja en un banco y Sergio estudia medicina.
> Dice Luis que ayer te vio en el partido.

Los elementos necesarios para reconocer una oración compuesta son: la entonación y las palabras de relación y subordinación. Sin embargo, en algunas ocasiones estas palabras no están presentes (asíndeton):

> Llegué, vi, vencí.

YUXTAPOSICIÓN

En los períodos yuxtapuestos, las pausas y la entonación marcan la unidad oracional:

- Yuxtaposición coordinada:

> Iré a ver a los abuelos; volveré pronto. (adversativa)
> Fui al fútbol el sábado; volveré el domingo. (copulativa)

- Yuxtaposición subordinada:

> No pude entrar: no tenía edad suficiente. (causal)
> Os ruego me devolváis la llave. (sustantiva)

La inserción de incisos oracionales dentro de una oración puede ser considerada como una especie de yuxtaposición: Sospechaba, presiento, que no aparecería.

Las oraciones llamadas distributivas, al carecer de índices explícitos de coordinación, pueden ser consideradas yuxtapuestas: Este me contradice habitualmente; ese no contesta; aquel asiente en todo.

ORACIONES COORDINADAS

Las oraciones compuestas por coordinación se caracterizan por estar relacionadas entre sí por conjunciones coordinantes (copulativas, disyuntivas, adversativas o distributivas). Poseen el mismo nivel o categoría sintáctica, ya que nunca funcionan como elemento sintáctico de otra:

> Yo planifico y tú controlas.
> Es agradable, pero me disgusta en algo.

Según el tipo de relación que establezcan, las oraciones coordinadas pueden ser:

Copulativas

Resultan de la simple adición: al contenido de una oración se le suma el de otra, y así sucesivamente. Van relacionadas por las conjunciones y, e, ni, que:

> Voy al cine y me divierto, e incluso me emociono.

Con frecuencia, cuando hay más de dos miembros, sólo se coloca la conjunción entre los dos últimos:

> Juan lee, Pablo oye música y María pinta.

Si las oraciones son negativas, se utiliza ni:

> No me ha dado tiempo ni tenía ganas de ir a verla.

Cuando en la coordinación la primera oración es afirmativa y la segunda negativa, ésta va precedida de y no:

> Se despertó tarde **y no** no fue a entrenar.

La conjunción y adopta la forma e cuando precede a palabras que comienzan por i- o por hi-.

> Metieron todos los papeles **e** incluyeron el dinero.
> Enseguida se ponen excitadas **e** histéricas.

Distributivas

Cuando varias oraciones o miembros del discurso se sitúan en diferentes planos semánticos y van relacionados en forma correlativa por palabras como uno(a), otro(a), este(a), aquí, allí, tal... tal, ora... ora, bien... bien:

> **Unos** pescan en los ríos; **otros**, en el mar.

Disyuntivas

Ofrecen una alternancia, mediante la que sus significados se excluyen entre sí:

> **O** te dedicas a estudiar, **o** a divertirte.
> No tiene término medio: **o** ama **u** odia.
> Te invito a cenar, **o bien** vamos al cine.

La conjunción o adopta la forma u cuando precede a palabras que comienzan por o- o por ho-:

> No tienes elección: o te vas de aquí, **u** obedeces las normas.
> Por su aspecto, podría ser belga **u** holandés.

Adversativas

Indican contrariedad: lo que en una se afirma puede contradecir en menor o mayor grado lo que se afirma en otra. Van relacionadas por expresiones tales como: pero, mas, sino, aunque, sin embargo, antes bien, no obstante, más bien...:

> Se ha esforzado mucho, **pero** no lo ha conseguido.

Sino aporta un significado contrario al sentido negativo del enunciado anterior:

> No me molesta trabajar, **sino** que me entusiasma.

No obstante, pero sí, sin embargo... indican oposición reforzada:

> No tengo sueño, **pero sí** estoy cansado.

Esquema de la coordinación

Copulativas: Es constante y trabajador, y ningún obstáculo le detiene.
Distributivas: Éste adornaba las paredes, aquél colgaba guirnaldas...
Disyuntivas: ¿Vienes con nosotros o te vas con ellos?
Adversativas: No creo que se haya enterado, aunque se lo he dicho
dos veces.

Oraciones subordinadas

Van unidas por conjunciones o elementos subordinantes. Presentan diferente nivel sintáctico, ya que una de ellas —la principal— predomina sobre el resto —la subordinada—. Se funden de tal modo entre ellas que pueden funcionar tanto de sujeto como de complemento unas de otras:

Me dijo que había olvidado el justificante.
Cuando salía de casa, comenzó a llover.

Esquema de la subordinación

Sustantivas

- De sujeto: No es probable que aciertes.
- De complemento directo: Me explicó quiénes eran sus amigos.
- De complemento indirecto: He venido a que me escuchéis.
- De complemento circunstancial: Entré sin que se diera cuenta.
                                       Arturo ha salido: se ha ido con Felisa.
- Finales: Le doy permiso para que no venga hoy.

Adjetivas (o de relativo)

- De antecedente callado: Sé de quién procede esto.
- Especificativas: Trajimos los libros que había en la mesa.
                                         (sólo esos)
- Explicativas: Nos comimos las uvas, que estaban maduras.
                                         (todas)
- Sustantivadas: No veo al que vigila la puerta. (al vigilante)

Adverbiales

- De lugar: El banco donde nos sentábamos, ya no está allí.
- De tiempo: He llegado cuando os ibais.
- De modo: ¿Quieres hacerlo como es debido?

- Comparativas: Susana es **como** yo la imaginaba.
                         Tendrán **tanto como** se merecen.
                         Este queso es mucho **peor que** el manchego.
- Consecutivas: Eran **tantos que** no cabían allí.
- Condicionales: **Si** no llueve, saldremos a navegar.
                         Si no fueras tan terco, podrías ceder.
- Concesivas: **Por más que** me lo expliques, no lo entiendo.
- Causales: Será verdad, **puesto que** tú lo dices.
                         No voy a la ópera **porque** me aburre.

Lo tratado en este capítulo se encuentra en ESPAÑOL 2000,
Nivel superior: págs. 222 y 223.

33. De las oraciones subordinadas: sustantivas y adjetivas

ORACIONES SUBORDINADAS

La tradición gramatical distingue: sustantivas, adjetivas y adverbiales, según la función que desempeñen respecto de la principal:

- La sustantiva desempeña dentro de la oración compuesta el mismo papel que juega el sustantivo en la oración simple: sujeto, complemento directo o complemento de un sustantivo o adjetivo:

> El que lleva esta carta (el portador) te dará noticias mías.
> Han herido al que conducía el coche (al conductor).

- La adjetiva (o de relativo) cumple la misma función que el adjetivo en la oración simple. Se introduce mediante pronombres relativos:

> Ha hablado con el hombre que no tenía pelo.
> El profesor, que estaba nervioso, les dio vacaciones.

- La adverbial (o circunstancial) desempeña en la oración compuesta el mismo papel que el adverbio juega en la simple:

> Nos iremos de aquí cuando deje de nevar.
> Lo hicieron como Dios les dio a entender.

SUBORDINADAS SUSTANTIVAS

Son, como ya se ha indicado, las que desempeñan las funciones privativas del sustantivo:

En función de sujeto

Suelen ir introducidas por la partícula que, con o sin artículo:

> No me importa **que** me desprecies.
> Éstas son **las que** nos telefonearon.
> Me parece bien **que** estudies.
> **El que** los niños no reaccionen es un mal augurio.

En función de complemento directo

Pueden adoptar las construcciones siguientes:

- Enunciativas (estilo directo e indirecto)

    En estilo directo, el que habla o escribe reproduce textualmente lo citado:

    «Congelaremos los impuestos», dijo el ministro.

    En estilo indirecto, el que habla o escribe hace suyas las palabras dichas por otro:

    El ministro dijo que congelarían los impuestos.

    El estilo indirecto libre reproduce el estilo directo con fórmulas del indirecto:

    Al salir a la calle, hacía frío, voy sin abrigo.
    (Pensé que voy sin abrigo; pensé: voy sin abrigo.)

    Si el verbo subordinado está en indicativo, puede ir en cualquier tiempo —salvo en pretérito anterior— aunque el principal vaya en presente, pasado o futuro:

    Digo que voy.   Digo que iré.   Digo que iba.   Digo que iría.

    Si el verbo subordinado está en subjuntivo, con verbos de mandato, ruego o deseo, puede ir en cualquier tiempo posterior al del verbo principal:

    Deseaban que saliera.   Se negó a que viniesen.

    Con los demás verbos en presente o en futuro, el subordinado puede ir en cualquier tiempo del modo subjuntivo:

    No creo que hayan salido.
    No creo que salgan.

- Interrogativas indirectas

    Funcionan como complemento directo de un verbo de entendimiento, lengua o sentido (saber, conocer, entender, decir, preguntar, responder...):

    Te pregunto si ya has acabado el examen.
    Dime cómo puedo resolver este asunto.

En función de complemento de un nombre o adjetivo

    Estoy contento de que me hayan elegido.
    Circula el rumor de que lo están arrinconando.

Estilo directo/estilo indirecto

Verbo introductor en:

Presente/perfecto/futuro + que + verbo en el mismo tiempo que en el estilo directo.

ESTILO DIRECTO	ESTILO INDIRECTO
Dice/ha dicho/dirá:	Dice/ha dicho/dirá:
«Soy andaluz».	que es andaluz.
«Estaba muy contento».	que estaba muy contento.
«Llegué el sábado por la mañana».	que llegó el sábado por la mañana.
«Me he despertado muy tarde».	que se ha despertado muy tarde.
«Habíamos ido a la playa».	que habían ido a la playa.
«Voy a lavar el coche».	que va a lavar el coche.
«Os avisaré».	que nos avisará.

Verbo introductor en:

Indefinido/Imperfecto/Pluscuamperfecto + que + Imperfecto/Pluscuamperfecto/Condicional.

ESTILO DIRECTO	ESTILO INDIRECTO
Dijo/decía/había dicho:	Dijo/decía/había dicho:
«Soy andaluz».	que era andaluz.
«Estaba muy contento».	que estaba muy contento.
«Llegué el sábado por la mañana».	que había llegado el sábado.
«Me he despertado muy tarde».	que se había despertado muy tarde.
«Habíamos ido a la playa».	que habían ido a la playa.
«Voy a lavar el coche».	que iba a lavar el coche.
«Os avisaré».	que nos avisaría.

Orden/mandato en el estilo directo e indirecto

Dice/ha dicho:	Dice/ha dicho:
«Tened mucho cuidado».	que tengamos mucho cuidado.
«No gritéis tanto».	que no gritemos tanto.

Dijo/decía/había dicho:	Dijo/decía/había dicho:
«Pregunte lo que quiera».	que preguntara lo que quisiera.
«No comáis tanto».	que no comiéramos mucho.

Verbo introductor en:

a. Presente/Perfecto	a. Presente de subjuntivo.
b. Indefinido/Imperfecto/ Pluscuamperfecto	b. Imperfecto de subjuntivo.

+ que +

Como puede observarse, los verbos de orden, prohibición, consejo, mandato y ruego exigen subjuntivo:

> Le prohibió que viniera a casa.
> Le rogó que saliera de la piscina.

ORACIONES SUBORDINADAS ADJETIVAS O DE RELATIVO

Las oraciones subordinadas adjetivas modifican a un sustantivo de la oración principal, por lo que desempeñan en la oración compuesta la misma función que desempeñaría el adjetivo en la oración simple:

> Las motos **que hacen ruido** (ruidosas) son insoportables.

Estas oraciones se llaman también de relativo porque normalmente van introducidas por un pronombre relativo. La forma del relativo más utilizada es que:

> Han sido detenidos los terroristas **que** pusieron la bomba.

Pueden ser:

Especificativas

Restringen, delimitan y concretan el significado del antecedente. Suponen una adjetivación necesaria para comprender en toda su plenitud el antecedente. No se puede suprimir la oración adjetiva sin cambiar sustancialmente el significado de toda la oración. Ortográficamente, no llevan coma de separación entre el antecedente y el pronombre relativo:

> Han arrancado los árboles **que** estaban secos.
> (Sólo los que estaban secos.)

Explicativas

Explican la cualidad circunstancial del sustantivo. No son necesarias para entender el sentido total de la oración. Pueden, por tanto, suprimirse sin alterar el significado:

> Han arrancado los árboles, **que** estaban secos.
> (Todos, porque estaban secos.)

En las explicativas se coloca ortográficamente una coma entre el antecedente y la forma del relativo.

FUNCIONES DEL PRONOMBRE RELATIVO

El pronombre relativo, que siempre concierta con su antecedente en género y número, puede desempeñar diferentes funciones en la oración subordinada que introduce:

- Sujeto: Perdimos el tren **que** salía a las ocho.
- Complemento directo: El perro **que** compré cojeaba de una pata.
- Complemento circunstancial: La empresa **en la que** trabajo es una multinacional.

ORACIONES DE RELATIVO SUSTANTIVADAS

Es muy frecuente la sustantivación de la oración adjetiva cuando va introducida por los relativos compuestos el que, lo que, los que y las que:

Los que no tengan billete, que se bajen.
La que quiera fumar es libre de hacerlo.

MODALIDADES SINTÁCTICAS EN LA FRASE DE RELATIVO

Oficio que desempeña	Subordinada de relativo
• Sujeto:	Ésta es la medicina que te va a curar.
• Complemento directo:	Compré el libro que me recomendaste.
• Complemento indirecto	
– con **a**:	Éste es el coche a que me refería.
– con **para**:	Antonio, para quien trabajo, es mi jefe.
• Complemento circunstancial	
– con **de**:	He visto a tu hija de quien tanto presumes.
– con **en**:	Llegará un día en que lo reconozcas.
– con **por**:	El chico, por quien me preguntas, ha aprobado.
– con **sin**:	El cliente, sin que haya reclamado, ha pagado su deuda.
• Adjetivo	
– de sujeto:	El perro, cuyo dueño no está, me ha mordido.
– de complemento directo:	¿Conoces la casa cuya fachada es barroca?
– de complemento directo con preposición:	Tengo el libro de cuyo autor me hablabas.

Lo tratado en este capítulo se encuentra en **ESPAÑOL 2000**,
Nivel medio: págs. 68, 69 y 71.
Nivel superior: págs. 102.

34. De las oraciones subordinadas: adverbiales propias o circunstanciales

ORACIONES SUBORDINADAS ADVERBIALES O CIRCUNSTANCIALES

Son las que desempeñan en la oración compuesta la función de complemento circunstancial. Están integradas en la oración principal y la modifican en su conjunto. Pueden ser:

De lugar

Expresan una circunstancia de lugar respecto de la acción principal, indican su situación en el espacio. Se unen a la principal mediante el adverbio relativo donde:

> He dejado los libros **donde** tú me dijiste.
> Vete **a donde** quieras.

Las subordinadas adjetivas suelen llevar el antecedente expreso:

> Ésta es la casa **donde** nací.

Las subordinadas adverbiales de lugar carecen de antecedente:

> Voy **donde** tú me digas.

De tiempo

Indican una circunstancia de tiempo anterior, simultánea o posterior a la acción de la principal. Los nexos más frecuentes son: cuando, mientras, apenas, tan pronto (como), antes (de) que, después (de) que…

> Conocí a Carmen **cuando** estuve en Santa Pola.
> Estudia **mientras** escucha música.

De modo

Expresan cómo se realiza la acción de la principal; guardan similitud expresiva con los adverbios de modo. Sus nexos más frecuentes son: como, según, según que, como para y como si:

Hice la ensalada **como** me dijiste.
Según lo que has escrito, te mereces el suspenso.

Comparativas

Sirven de término de comparación respecto de un elemento de la oración principal. Pueden ser:

• De cantidad

Estas oraciones pueden ser de igualdad, de superioridad y de inferioridad. Los nexos de igualdad son: tan...como; tal...cual; tanto...como; igual...que; como si:

No son **tan** ricos **como** parecen.
Este río es **igual** de caudaloso **que** aquél.

Los nexos de superioridad: más...que; más...de; y los de inferioridad: menos...que:

Gastas **más** de lo **que** ganas.
Es **menos** agradable **que** su prima.

• De modo

Expresan igualdad o semejanza entre los dos conceptos oracionales comparados. Los nexos principales son: tal cual, como, así:

Era joven y bella, **tal cual** me la habían descrito.

• Negación y comparación

Si la comparación está marcada por la negación, las referencias de desigualdad quedan suprimidas.

Si decimos «Los jóvenes no gastan más que los adultos», queremos expresar «los jóvenes gastan tanto como los adultos» o «los jóvenes gastan menos que los adultos». De igual modo, si decimos «Los jóvenes trabajan menos que antes» e introducimos la negación, pasaríamos a expresar: «Los jóvenes no trabajan menos que antes», con lo que expresaríamos: «Los jóvenes trabajan tanto como antes» (sin excluir la posibilidad de que trabajen más que antes).

Consecutivas

Expresan una consecuencia que es el resultado de la acción principal. Van enlazadas por conjunciones o locuciones llamadas también ilativas: luego, pues, por consiguiente, conque, por tanto, por lo tanto, así que, así pues:

Pienso, **luego** existo.
Es tarde ya; **por lo tanto**, la tienda está cerrada.

Cuando la consecuencia es el resultado de una acción, circunstancia o cualidad indicada con intensidad, adopta una estructura correlativa: tan...que; tanto...que; tal...que son los nexos que se utilizan:

> Es **tan** sincero **que**, a veces, ofende.
> He comido **tanto que** ahora no me puedo mover.

Causales

Expresan la causa, razón o motivo por el cual acontece la acción principal. Los nexos usuales son: porque, pues, puesto que, ya que, como:

> No he salido **porque** no he querido.
> **Ya que** no me llamaste, pensé que no estabas.
> **Como** han subido los precios, hay que recortar los gastos.

EXPRESIÓN DEL LUGAR Y DEL MODO

Lugar: Mediante el adverbio relativo donde, precedido o no de preposiciones. Puede llevar como antecedente un adverbio (aquí, donde...), un pronombre (eso, de donde...) o un nombre (la casa donde...).

Modo: Mediante las conjunciones: como, según, según que. También mediante las locuciones: según y como y según y conforme.

• Se construyen en indicativo si expresan tiempo presente o pasado:

> **Donde** estoy mejor es en casa.
> Voy a renunciar **según** me aconsejas.

• Se construyen en subjuntivo si expresan tiempo futuro:

> Siéntate **donde** quieras. Hazlo **como** te plazca.

EXPRESIÓN DEL TIEMPO

Mediante las conjunciones y locuciones conjuntivas: a medida que, antes de, antes que, apenas, cuando, después de, en cuanto, entre tanto, hasta que, mientras, mientras que, mientras tanto, siempre que, tan pronto como:

> **Antes de que** compres el coche, consulta.
> **Mientras que** esté con nosotros, todo irá bien.
> **Tan pronto como** amanezca, continuaremos el viaje.
> Juan estuvo en Madrid **desde** julio **hasta** que se fue en septiembre.

• Se construyen en indicativo si expresan tiempo presente o pasado: Cuando la miro, me sonríe.

- Se construyen en subjuntivo si expresan tiempo futuro: Devuélveme el libro cuando lo leas.

- Cuando el sujeto es el mismo, puede el verbo subordinado construirse en infinitivo: Daremos un paseo después de cenar.

- Al + infinitivo: Al llegar a casa, me encontré que me habían robado.

- Gerundio: Llegando a casa...

EXPRESIÓN DE LA COMPARACIÓN

Pueden establecerse relaciones de igualdad, de superioridad y de inferioridad.

- Igualdad

tal ... cual (como)	tan ... como
tanto ... como	igual... que
cuanto ... tanto	como si

    Gasta **tanto** dinero **como** gana.
    Cantan **como si** fueran profesionales.

tanto ... cuanto	tan ... cuan

    Gasta **tanto** dinero **cuanto** gana.

- Superioridad   más ... que

    Juan es **más** alto **que** Pedro.

más grande	⇒	mayor
más pequeño	⇒	menor
más bueno	⇒	mejor
más malo	⇒	peor

    Tu coche es (más bueno) **mejor** que el mío.

- Inferioridad   menos ... que

    Tu reloj es **menos** caro que el mío.

Nota: Cuando el verbo de la principal y el de la subordinada es el mismo, se omite el de la subordinada.

    Pedro ha estudiado **más que** Juan (ha estudiado).

EXPRESIÓN DE LA CONSECUENCIA

1. Mediante las conjunciones: luego, conque, así que, por (lo) tanto, así pues, por consiguiente:

    No tengo dinero, **así que** no me puedo comprar un coche.
    Hace frío, **así que** abrígate.

2. Tan + adjetivo + que: Es **tan** listo **que** nadie le puede engañar.

3. Tal + nombre + que: Dijo **tales** palabras **que** todos se sintieron conmovidos.

4. Tanto + nombre + que: Tiene **tantos** juguetes **que** no hay sitio en su habitación.

5. Tanto + verbo + que: **Tanto** estudié **que** aprobé.

6. Tan + adverbio + que: Voy **tan** lejos **que** tardaré más de dos horas en llegar.

La estructura consecutiva no parece exigir un modo específico en ninguno de los dos miembros oracionales. La expresión de la intensidad prefiere en ambos el indicativo, el subjuntivo es obligado en la proposición consecutiva cuando lo es en la principal y también aparece el subjuntivo cuando en la principal se da el imperativo:

> Le sobraba tanto amor por dentro que no sabía qué hacer con él.
> No lo archives tanto que luego no lo encuentras.
> Hazlo de tal manera que nadie se sienta perjudicado.

EXPRESIÓN DE LA CAUSA

- Mediante las conjunciones: porque, pues, puesto que, ya que, como.

- Mediante las locuciones: a causa de que, por cuanto, en vista de que.

- Por, a causa de, debido a + **sustantivo**.

- Por + infinitivo.

> No bebo **porque** me hace daño.
> No vendrá, **ya que** está enfermo.
> **En vista de que** no estudia, se quedará sin premio.
> Cantaron **por** obligación.
> **Por** correr demasiado, se hizo daño.
> De **tanto** correr, se quedó sin respiración.

> Lo tratado en este capítulo se encuentra en **ESPAÑOL 2000**,
> **Nivel medio**: págs. 92, 94, 128, 131 y 132

35. De las oraciones subordinadas: adverbiales impropias o circunstanciales

CONCESIVAS

Expresan una dificultad que obstaculiza el cumplimiento de la acción principal sin llegar a impedir su realización. Pueden hallarse en indicativo o subjuntivo. En indicativo se afirma la existencia real del obstáculo que impide la realización de la principal, aunque esa dificultad se rechaza por ineficaz:

> Aunque **has lavado** el coche, sigue estando sucio.

Cuando el verbo subordinado está en subjuntivo, la dificultad se siente como posible:

> Aunque **estés** preparado, no nos iremos todavía.

Los nexos más frecuentes son: aunque, si bien, a pesar de (que), aun cuando, así:

> No voy a callarme, **a pesar de** sus protestas.
> **Aun cuando** tuvieras razón, no debes gritar tanto.

Participio y gerundio + y todo:

> Acatarrado **y todo**, participó en la prueba.
> Sufriendo **y todo**, llegó a la meta.

CONDICIONALES

Formulan una condición que es necesaria para que se cumpla la acción de la oración principal:

> Si te comes todo eso, vas a engordar muchísimo.

Se llama prótasis a la frase que introduce el si condicional. Apódosis es la conclusión a la que se llega:

> Si todos estáis de acuerdo, aprobaremos este punto.

● Prótasis en indicativo

En la prótasis podemos emplear cualquier tiempo de indicativo, menos el
pretérito anterior, el futuro o el condicional. En la apódosis se puede utilizar
el imperativo, cualquier tiempo de indicativo (menos el pretérito anterior)
o cualquiera del subjuntivo (menos el futuro):

> Si no os gustaba este plan, podíais haberlo dicho.
> Si no os gusta este plan, decidlo.

● Prótasis en subjuntivo

El tiempo empleado depende de la acción:

Si se denota acción presente o futura, la prótasis va en imperfecto de subjuntivo;
la apódosis, en imperfecto de subjuntivo (forma -ra) o en condicional simple:

> Si tuviera dinero, probablemente te lo diera.
> Si estuviera aquí tu padre, no lo permitiría.

Si denota acción pasada, la prótasis estará en pluscuamperfecto de subjuntivo; la apódosis, en pluscuamperfecto de subjuntivo (forma -ra) o en condicional (simple o compuesto):

> Si hubiese sabido que eras tú, te hubiera dejado pasar.
> Si hubiéramos salido a las diez, ahora estaríamos ya en Burgos.
> Si hubiéramos salido a las ocho, ya habríamos llegado a Toledo.

Cuando el verbo subordinado está en futuro de subjuntivo (simple o perfecto), la apódosis irá en presente o futuro de indicativo, o en condicional
simple:

> Si no hubiere otro heredero, la herencia se repartiría entre ellos.
> Si se declarare desierto, el premio se acumularía a los fondos.
> Si no hubiere heredero directo, la herencia se repartirá entre los demás familiares.

Los nexos más frecuentes son: si, siempre que, ya que, con tal (de) que, con sólo
que, a condición de que, en el supuesto de que, pero si, como si, vaya si, fíjate si…:

> **Con tal que** hagas los deberes, verás la televisión.
> Se quieren **como si** fueran hermanos.
> **Fíjate si** habrá hecho frío que han explotado las cañerías.

FINALES

Indican la finalidad de la acción de la oración principal. Van introducidas por las
locuciones conjuntivas a que, para que, a fin de que, con objeto de que, con
idea de, con intención de, con motivo de + infinitivo o de que + subjuntivo:

He venido **a que** me des una explicación.
Le llamó **con objeto de que** llegaran a un acuerdo.
Ya te dije que no lo hacía **con intención de** ofenderte.

Cuando los verbos principal y subordinado tienen el mismo sujeto, el verbo de la subordinada va en infinitivo:

Le insultó **para** provocarle.

Cuando los verbos de la principal y de la subordinada tienen sujeto diferente, el verbo de la subordinada va en subjuntivo:

Le insultó **para que** se sintiera humillado.

EXPRESIÓN DE LA CONCESIÓN: INDICATIVO Y SUBJUNTIVO

Cuando la concesión recae sobre un hecho real:

- Tiempo pasado, cuando la acción se cumplió:

  Aunque corrí mucho, no llegué a tiempo.

- Tiempo presente o futuro: cumplimiento cierto:

  Aunque le he advertido, sigue haciendo lo mismo.
  Aunque mañana es sábado, iremos a trabajar.

Cuando la concesión recae sobre un hecho supuesto o inseguro:

- Tiempo pasado, si la acción no se cumplió:

  Aunque se lo hubieras asegurado, no te habría creído.

- Tiempo presente o futuro: cumplimiento incierto:

  Aunque los castiguen, no se corregirán.

También expresamos la concesión con: aun cuando, así, si bien, y eso que, a riesgo de, siquiera:

No he conseguido entradas para el concierto, **y eso que** hice cola durante más de tres horas.

EXPRESIÓN DE LA CONDICIÓN

Condición realizable:

- Indicativo   Si te gusta, cómpratelo.
                  Si veo a Ernesto, le daré tu recado.
                  No creo que pueda ir a cenar, **si acaso** llegaré tarde.

- Imperativo   **Acuéstate** pronto y te levantarás descansado.

Condición irrealizable o simple hipótesis:

- Subjuntivo Si yo estuviera en tu lugar, no lo permitiría.

  Si hubiera llovido, habría habido menos restricciones.

- Infinitivo con **de, caso de, con** o **sin**

  De haberme escuchado, no lo habrías hecho así.

  Caso de terminar hoy, mañana lo entregaremos.

  Con hacer las cosas a la brava, no ganarás nada.

- Gerundio **Fumando** menos, no toserías tanto.

- **Con** o **sin**, más un complemento de modo

  Con la luz encendida, no hubieras tropezado.

- **Como** + subjuntivo

  Como duermas poco, tendrás sueño.

ESQUEMA DE LA FRASE CONDICIONAL

	CONDICIONAL REAL		CONDICIONAL IRREAL	
PRESENTE	Si tengo tiempo,	te veo luego, te veré luego.	Si tuviera tiempo,	te vería luego.
PASADO	Si he aprobado,	dímelo. te habrás enterado. ha sido estupendo. daré una fiesta. tengo que celebrarlo.	Si hubiera aprobado,	te lo habría dicho. te lo hubiera dicho. no estaría triste.

EXPRESIÓN DE LA FINALIDAD: SUBJUNTIVO

Mediante las conjunciones para que, a que, y también a fin de (que), con objeto de (que), con el fin de (que), con vistas a, de manera que…

Hablo **para** que se enteren.

Id **a que** os corten el pelo.

Me esconderé **a fin de que** no me vean.

Juega con vistas **a que** le seleccionen.

Ponlo **de manera que** se vea bien.

Van **con objeto de** felicitarte.

El verbo de la oración subordinada va en infinitivo precedido de a, para, a fin de, cuando tiene el mismo sujeto que el de la principal:

Han entrado **a ver** la película.   Se entrenaba **para** correr.

Lo tratado en este capítulo se encuentra en **ESPAÑOL 2000**,
Nivel medio: págs. 50, 59, 102, 103, 114, 116 y 118.

Índice

4. De la ortografía

32. De la oración compuesta 265

33. De las oraciones subordinadas: sustantivas y adjetivas 270